社会の思考

―リスクと監視と個人化―

三上 剛史【著】
MIKAMI Takeshi

学 文 社

はじめに

　近代社会は1970年代頃から大きく変質し始めたと言われている。それを引き起こした大きな構造的要因として、〈脱産業社会，情報化，消費社会〉などのテーマがさまざまな形で論じられ，これに「ポストモダン」の思想が同伴した。それとともに人文・社会諸科学も変化してきたが，その際の学問的"空気"は，「脱近代」から新しい社会を眺望するという雰囲気を持っていた。

　これに対して，20世紀末から新たなテーマとして登場したのが〈リスク，監視社会，個人化〉である。これらは「福祉国家の危機，ネオリベラリズムの進展，連帯の喪失，社会の終焉」などの，新たな状況に対応する理論群であるが，ポスト−ポストモダン論として，21世紀をどのように構想するかに関わる大きな論題であり，また超えるべきハードルでもある。

　本書では，この問題に対して，個人と社会の関わりを根本的に捉え直すという視点から接近したい。中心的論点は二つである。

　一つは，今日の「ポスト近代」と呼ばれる時代の社会的特性を明らかにし，そこに起こっている根底的変化としての「社会的なものの終焉」について語ることである。リスク社会，監視社会，個人化などの言葉で表される現象が，いかなるしかたで近代的な社会構想の転換を迫り，連帯や道徳の働きを弱めているのかを，社会学的観点から観察し検討している。

はじめに

　そこで援用される諸論点は，さまざまな論者によって指摘されている。本書では，それらを一つのテーマに収斂させ，深い所で連動し合った動きとして提示した。これは，グローバル化やネオリベラリズムの負の側面をどう処理してゆくかという，時代診断と社会認識のための見取り図でもある。

　変化の激しい時代にあって，我々は"早すぎる解決策"に飛びついてはいけないだろう。道徳や連帯に回帰することが無条件に望ましいわけではない。そこに潜む「近代的」遺制にも目配りせねばならないし，「人間性」や「共同」「信頼」などのマジック・ワードで誤魔化してはならない。

　二つ目は，そのような事象が進行しつつある時代の〈個人と社会〉の，「と」についての論考である。「個人化論」は最近になって盛んになりつつある研究領域で，これもまた，リスク社会や監視社会化と連動しているのであるが，本書では，とりわけ，もはや個人と社会がつながってはいない＝「切れて」いるという観点を強調したい。

　「社会的なもの」の考察に比較すると，個人に関する議論はまだ萌芽的段階にあり，学問的にきちんと整理された議論はない。そこで，これまでの一般的思考様式であった"個人と社会は結びついている"という発想を批判的に検討し，理論的にも実践的にも，個人と社会を見る視線を反転させることを目指した。個人と社会は「切れて」いる。

　言うまでもなく，個人化は「社会的なもの」の"終焉"と同時に

進行している。社会的なものの終焉は，格差や貧困に代表されるように，そのマイナス面を解決すべく批判的に取り組まねばならぬ問題としてある。これに対して個人化は，それ自体が問題なのではなく，近代社会を潜り抜けてきた後の時代に生きる人間にとって，これからの個人と社会の関係をどう考えるのかについての，前向きに取り込んでゆくべき重要な論点を含んでいる。

　序章でまず全体的な問題設定を行い，その後，「社会的なものの終焉」について論じ（第1章），それと並行して盛んになりつつある「個人化論」に言及した上で（第2章），両者が共に「リスク社会」と深い関係にあることを示す（第3章）。

　そして，リスク社会がもたらした，社会観と連帯様式の大きな変化に触れた上で（第3章，第4章），リスク社会が同時に「監視社会」でもあることを指摘し，〈リスクと監視と個人化〉のつながりを明らかにする（第5章）。

　続く第6章では，前章までで論じた事柄が，フーコー的な監視と権力に関する理論によってより明確化されることを示し，この理論構成をルーマンの社会システム理論と交差させたい（第7章）。そして改めて，ルーマン的観点を援用しながら「社会的なもの」についての議論を再検討する（第8章）。

　その作業は，個人と社会を結ぶ「と」の論理について，テンニースからデュルケームを経てパーソンズに至る，社会学の歴史と理論前提を問い直す作業でもあるが（第9章），改めて「個人化」の理論的構図を明らかにし，個人と社会に関するこれまでの社会学的図式を転換させ，個人と社会をきちんと「切る」ことの可能性につい

はじめに

て論じたい（第 10 章）。

　現代人は，社会が"終焉"し，個人が社会と「切れて」いく時代にあって，いかにして"社会"を構想し，近代の遺産を引き継ぎながらも，どのような新しい観点を育むことができるのか。そのための理論的整理と，考えるためのヒントとなることを目指した。

目　次

はじめに

序　章　〈個人と社会〉再考 …………………………… 9
第1節　結びついているのか，切れているのか？ ………… 9
第2節　社会的なもの，個人的なもの ……………………… 10
第3節　リスクと監視 ……………………………………… 12
第4節　個人「と」社会 …………………………………… 15
📖 マクドナルド化と感情労働　13／方法論的集団主義　17

第1章　社会の"終焉" ……………………………………… 19
第1節　ポスト近代と「社会」 …………………………… 19
（1）社会的なものの終焉　19／（2）モダニティとポストモダニティ　21
第2節　ポスト社会的な社会理論 ………………………… 25
（1）社会のコンテナ理論　25／（2）公共性の隘路　28
📖 内部指向型，他人指向型，流動的アイデンティティ　22／ポストモダンと第二の近代　24／再帰的近代　27／公共性　30

第2章　個人化する社会 …………………………………… 33
第1節　個人化論 …………………………………………… 33
第2節　個人の"終焉" ……………………………………… 36
第3節　分割された個人 …………………………………… 38
（1）分割可能なもの　38／（2）分割不能なもの　41

目 次

　　■ 構造主義とポスト構造主義　40

第3章　リスクと連帯 …………………………………… 43
第1節　新しいリスク ………………………………… 43
　　　　（1）福祉国家とリスク　43／（2）リスクの個人化　47
第2節　福祉国家と連帯 ……………………………… 49
　　　　（1）不安による連帯　49／（2）保険としての社会　52
　■ リスク　44／ポスト福祉国家論　51／機械的連帯から有機的連帯へ　52／社会的事実　54

第4章　分割できない社会 ……………………………… 55
第1節　リスク対応のパラダイム ……………………… 55
　　　　（1）「道徳的社会」　55／（2）予見―予防―警戒　56／
　　　　（3）リスク・フォビア　58
第2節　連帯の喪失 …………………………………… 60
　　　　（1）グローバル化と連帯　60／（2）一つの社会　61

第5章　監視社会 ………………………………………… 65
第1節　監視と主体化 ………………………………… 65
　　　　（1）新しい監視　65／（2）主体化　67
第2節　監視と統治 …………………………………… 70
　　　　（1）データとモニター　70／（2）内面を回避した統治　72
　■ 世俗内禁欲と規律訓練　69

目次

第6章 生権力と統治性 …………………………… 75
第1節 統治のテクノロジー ………………………… 75
第2節 生権力／生政治 ……………………………… 77
第3節 新たな統治 …………………………………… 78

第7章 個人の意識と社会のシステム …………… 83
第1節 人間と社会 …………………………………… 83
（1）フーコーとルーマンの交差　83／（2）「人間」の終焉　86／（3）個人と社会と人間　87
第2節 システムと道徳 ……………………………… 90
（1）意識システムと社会システム　90／（2）道徳による統合の"断念"　93

📖 目的合理的行為とコミュニケーション的行為　85／道徳的個人主義　95

第8章 "行為者とシステムは別れた" …………… 99
第1節 社会的なものの純化 ………………………… 99
（1）創発特性　99／（2）現代人の自己意識　101
第2節 予定調和の終焉 ……………………………… 103
（1）自己言及的システム　103／（2）システムの自律化　104／（3）個人の包摂　106

📖 創発特性　100／機能システム　103

目 次

第9章 「と」の論理 …………………………………… 109
第1節 《ゲマインシャフトとゲゼルシャフト》再び ……… 109
（1）切ることと結ぶこと　109／（2）《ゲマインシャフトとゲゼルシャフト》　110／（3）"我々―我―バランス"　113
第2節 "あらゆる分離にもかかわらず結合"しているゲゼルシャフト …………………………………………………… 115
（1）思想的偏向　115／（2）結合―分離―バランス　117

📖 ジンメルの社会学　111／コミュニティとゲマインシャフト　119

第10章 社会の個人 …………………………………… 123
第1節 デュルケーム的問題とポスト近代 ………………… 123
第2節 人格と意識システム ………………………………… 125
第3節 結合と分離の反転 …………………………………… 128
第4節 個人の〈個人化〉 …………………………………… 131

📖 身体　126

引用・参考文献 ………………………………………… 134

あとがき ………………………………………………… 139

第 1 節　結びついているのか,切れているのか?

　社会科学はその成立の当初から,「社会とは何か?」あるいは「個人と社会」との関わりはいかなるものかを問い続けてきた。社会に個人を包摂し,社会的規範を内面化した個人を想定することで社会秩序が成立すると考えてきた。そこからはみ出るのは,逸脱や犯罪であって,社会「病理」として扱われる。

　それが学問的に体系化され始めるのは 19 世紀末から 20 世紀初めにかけてであるが,そこでは個人と社会を「結びつける」ことが中心的テーマであり,それを可能にするために,共同体,社会的連帯,共有価値,役割,行為などのさまざまな概念や理論的装置が考案された。それが引き継がれて 20 世紀社会学の主脈を形成したのであるが,21 世紀を迎えた現代社会において,個人と社会は,これまで社会学が考えてきたようなしかたで結びついているだろうか。

今日，我々は社会的に共有された道徳規範や価値を内面化し意識しながら生活していると言えるか。個人が社会に包摂されることで安定した生活が可能になっているとは考えにくくなっている。一方には，福祉国家の危機や近代的価値と諸制度の衰微，格差社会とネオリベラリズムの進展などがあり，他方には，個人の側の，ソフトで可変的な自己の存在様式と強烈なナルシス的個人主義が存在する。ここでは，個人と社会は結びついているとは想定されにくく，むしろあるしかたで「切れている」と言ってもよい。

個人と社会は結びついているのか切れているのか。これは社会についての学問一般がもともと孕んでいた問題的契機であり，これを「結びつける」方向で解決することが仕事であった。しかし，見直さねばならぬ情勢が進行しつつある。本書では，そのような見通しに立って，個人と社会という根本的問題を再検討したい。

その際に議論の糸口となるのは，グローバル化の中で改めて「社会とは何か」—より正確には「社会的なもの」とは何かを問う理論的な諸潮流であり，また，いわゆるネオリベラリズムと「福祉国家の危機」ならびに「リスク社会化」によって明らかになりつつある社会的連帯の再考である。

第2節　社会的なもの，個人的なもの

グローバル化とともに「社会」の概念そのものが変革されなければならないという，いろいろな方面で展開されつつある議論は，そもそも「社会的なもの」(the social) とは何かを問い直す，本質的

な論題である。

　現代は，いわゆる「ポストモダン」的時代として，近代社会が形作ってきたさまざまな制度や価値，役割等々がその意義を喪失しつつある時代だとみなされている。その中で，国家や地域社会や会社，組織，学校，家族などの枠組みが制度疲労を起こすとともに曖昧化し，情報化された消費社会の激しい変化が，常に新たな差異を生み出す社会を要請している。
　そこでは，これまで我々が「社会」と呼んできたものの中核があやふやなものとなり，「社会的」とはどういうことかが実感しにくい状況が生まれている。そしてそれは，ウルリッヒ・ベック（U. Beck）やジークムント・バウマン（Z. Bauman）らが指摘するような，近代的個人とは違った形で出現しつつある，新たな「個人化」についての議論をも含んだものとなる。

　社会的なものの曖昧化は，社会の中で生活し，社会によって作られていた人間の存在をも曖昧にする。現代人の多くは，近代社会が与えてきた「アイデンティティ」（自己同一性：self-identity）＝「いつも同じ一つの私」という枠組みを失いつつあり，多様な現実に開かれつつも，自己を統一したイメージで捉えること自体を放棄しているように見える。
　それは一面では「アイデンティティの拡散」や自己喪失であるが，他方では，状況に応じた自己をコーディネイトできる，多元的で流動的な新しい個人のありかたを開くものでもある──（アイデンティティには個人的な「パーソナル・アイデンティティ」と，集団的な

「グループ・アイデンティティ」があるが，本書では主に個人的アイデンティティを念頭においてこの用語を使用する)。

1970年代に頂点を迎えた後に，近代の社会はそれまでとは異なった位相に入りつつあり，近代的な思考方法や制度がその有効性を喪失してきたと考えられている。依然として近代が持続するのか，あるいは，それとは異質な新しい時代に入る前段階として，いわば狭間の時代として「ポスト」近代的な時代があると考えるのか，という判断の相違はある。

近代の持続かポスト近代かという二分法は生産的ではないが，近代の社会が大きく変質しつつあるという時代診断は次第に広まりつつある。そのような現代に生きる人間にとっては，近代社会で自明とされてきた「社会的なもの」の意味合いは薄れつつあり，同時に，近代的な自律的主体という人間像もまた，その意義を喪失しつつあるように映っている。

第3節　リスクと監視

「社会的なもの」の後退は，具体的には福祉国家の危機とネオリベラリズムの進展の中で，社会によって守られない個人の姿や，自己責任，連帯意識の希薄化，公共性概念の曖昧化，格差社会化などによって現実のものとして体験されている。

だが，そのような意味での社会の喪失は，単に社会が後退するのではなく，一方で，ジョージ・リッツァー（G. Ritzer）が『マクド

ナルド化する社会』(1993年) で説いたような,徹底した効率重視とマニュアルの普遍化としての「マクドナルド化*」現象が進行している。そしてそこで労働する人々は,アーリー・ホックシールド (A. R. Hochschild) の言う「感情労働*」に従事することで心の管理に従属させられている。

*マクドナルド化 (McDonaldization) と感情労働 (emotional labor)

マクドナルド化とは,サービス業などの,それまでは人間的な仕事とされてきた業務が,合理性と効率性重視のもとに,あたかも機械がこなす仕事であるかのようにマニュアル化されることを指している。リッツアーのマクドナルド化概念はやや曖昧で,厳密性に欠ける部分もあるが,近代社会が追求してきた合理化の現代的姿として,一定の説得力を持ってはいる。

マニュアル化という点で,マクドナルド化と合わせて論じられることが多いのが,ホックシールドが『管理される心』(1983年) で提示した「感情労働」の概念である。キャビン・アテンダントなどの接客業において,労働者は顧客本位の笑顔と忍耐を絶やさず,「心から」のサービスを心掛けるように求められる。

このような現象は,現代社会に一元的な管理が浸透する姿を示したものと解釈され,それゆえに,現代は決して一方的に差異化と個性化を遂げているわけではないと指摘される。グローバル化とローカル化が同時に進行する("グローカル" glocal という造語がある) ように,管理と差異化は並行して進展している。後にも検討するが,我々がここで見逃してはならないのは,差異化と個性化が,まさに一元的な管理と監視を求めるということであり,逆に,そのようなシステム化があればこそ,人々の差異化が許容されているという事実である。

序　章　〈個人と社会〉再考

　したがって，社会的なものの喪失は単純に「社会」が見えなくなるのではなく，深く静かに進行する監視社会，管理社会の形成とともにある。監視社会ついては，ミッシェル・フーコー（M. Foucault）やその影響下にあるデヴィッド・ライアン（D. Lyon）などの監視社会論が重要である。これは同時に，福祉国家の前提となっていたフランス革命期の「連帯」（solidarité）の概念を再考しながら，国民国家であり，また福祉国家でもあった近代社会の，そもそもの成り立ちを問うということでもある。

　そしてさらに，もはや現代社会では人々の連帯や公共性の獲得を通した道徳的統合は「断念」せざるをえないという，ニクラス・ルーマン（N. Luhmann）の社会システム理論から帰結する論理と結びつく事柄でもある。ここで改めて，個人と社会はいかにして可能か，あるいは，新しい形での社会関係の可能性はどこあるのかを問わねばならない。これらの点については，後に詳しく検討する。

　その際，キーワードの一つになるのが「リスク社会」（risk society）の概念である。近代社会とは異なった種類の新たなリスクに取り巻かれている現代社会では，リスクは，自然環境・科学技術・組織・集団・家族・個人のさまざまなレベルで発生する。科学論者のイアン・ハッキング（I. Hacking）が語ったような意味で，近代社会が「手なずけた」，あるていどの予測と予防・対処が可能なリスクとは異なる，新たなリスクが個人と社会を襲い始めている。

　原発事故，BSEや残留農薬，「新型」インフルエンザのパンデミックなどの新しいタイプのリスクがあり，それだけではなく，保険も年金も，場合によっては，就職や進学，結婚あるいは病気の治療

さえもが，今や新たなリスクとして捉えられねばならぬ状況になっている。いわば生活それ自体がリスクとなる。

ここには，リスク社会と監視社会ならびに福祉国家の衰退との深いつながりがある。そしてそれは同時に，近代社会の存立基盤であった，"自由で平等な市民の連帯による社会運営"という基本的前提を崩してゆく。

社会はただ単にその意味を失いつつあるのではなく，近代的意味での社会が（少なくともいくつかの主要な構成要素において）「終焉」しつつあり，その中で新しいタイプの社会と，新しいタイプの個人，そして，新しいタイプの〈個人と社会〉の関係が生まれつつある。

それらの「新しい」出来事は，決して愉快とは言えない側面をも多く含んでいるが，近代的意味での個人と社会のイメージにしがみついて生きることは困難な情勢であることも，また自覚せざるをえない。近代社会が生み出した成果を生かしつつ，新たな情勢に向けてどのように個人と社会を「切りつつ結ぶ」べきか。それは21世紀の社会にとって重要な課題となるはずである。

第4節　個人「と」社会

これらの作業は，なぜ社会学という学問が成立しえたのかを自問することでもあるが，現代社会学の理論的可能性を問う際に欠かすことのできない論点であり，とりわけ，グローバル化の中で「社

会」という概念の妥当性が再検討されている情勢下においては，避けて通ることのできないテーマである。

　「社会」（society, société, Gesellschaft）という概念を基礎として成立している学問こそが，社会という概念の何が変質しているのかを見定めねばならない。そしてそれは，同時に「個人」（individual）とは何かを問うことでもある。

　個人と社会は一対の概念であり，どちらか一方のみでは意味をなさない。社会＝全体という概念は，個人＝部分という概念とともに（あるいは逆に，個人＝主体，社会＝環境と捉えることで）形成されてきたのであり，どちらを優先的に見るか（方法論的集団主義*か方法論的個人主義*か）の違いはあっても，両者のバランスをとり，多くの場合，個人と社会を結びつける形で理論化してきたのが社会学を始めとする社会諸科学の歴史である。

　今日，一方ではグローバル化によって近代「国民国家」（nation state）の政治的・経済的・文化的境界が曖昧になりつつあり，ネオリベラリズムの浸透と格差社会化の中で，"国民の福祉と安寧を図る"ことで発展してきた近代国家の枠組みはゆらぎつつある。

　他方で，グローバル化した社会の諸個人は，善くも悪しくもグローバリズムと直接に向き合いつつ「個人化」することとなる。そこでは国家や共同体を超えた個人的自己実現の機会がふんだんに与えられてはいるが，同時に，排除され貧困化する危険性もまた同じ程度に存在している。

第4節　個人「と」社会

*方法論的集団主義 (methodological collectivism)，方法論的個人主義 (methodological individualism)

前者はエミール・デュルケーム (É. Durkheim)，後者はマックス・ウェーバー (M. Weber) に代表される立場である。方法論的集団主義の場合には，社会の実在性と拘束性に注目するので，個人よりも社会に重みが置かれることになる。方法論的個人主義の場合は，個人こそが真に存在するものであって，社会は個人的活動の結果として生み出された，どちらかというと仮象に近い存在となる。

単純化すれば，前者が共同体重視，後者が個人重視の立場となり，それぞれコミュニタリアン，リベラリズムにつながる観点である。本書では，それらの相違点よりは，むしろ，この二つの立場がどちらも「結びつける」論理であることを重視したい。アプローチのしかたが集団からか個人からかの違いはあっても，これらは共に，個人と社会を結びつけようとする観点を共有しており，それが社会学という共通の土俵を可能にしてきたと言えるだろう。

これらとは別に，折衷論としてピーター・バーガー (P. L. Berger) に代表される「作り作られる」という視点がある。バーガーとTh・ルックマンとの共著『日常世界の構成』(1966年) などに現れる立場で，個人と社会は共に作り作られる関係にあって，どちらかが優先するわけではないという方法論的立場である。集団主義と個人主義のよいところを折衷した理論であるが，主張がもっともすぎて，平板な印象も受ける。

ここには，近代社会が想定していたのとは異なった個人の存在様式と社会のありかたがうかがえる。我々は後に，社会が全体であり個人が部分であるという発想，逆に，個人が主体であり社会は環境にすぎないという発想，さらには，両者を折衷した「個人と社会は互いに作り作られる関係にある」という発想そのものの時代的制約

序　章　〈個人と社会〉再考

についても問うことになるが，近代的意味での個人と社会がともに「終焉」しつつあると言われている現代にあっては，両者の意味と関係は変わらざるをえない。

　国民国家と個人のアイデンティティは，共に手を携えて発展してきた概念であり，〈中心と頂点〉のある一つのまとまりとしての国民国家——多くの場合，それが「社会」のイメージと重なっていた——は，ひとりの「いつも同じ一つの自分」としてのアイデンティティ（自己同一性）と同型の構造を有する概念であった。

　以下の論述は，社会の終焉論，個人化と擬似主体，ポスト福祉国家のリスクと連帯，監視社会と道徳，生権力とシステム分化，社会的なものへの問い，個人的なものの再発見，個人と社会の再規定，という運びになる。
　「社会的なもの」とは何かという問いをリスクと監視と連帯についての言説につなぎ，リスク社会論と監視社会論をルーマン的システム理論と交差させつつ，個人と社会との関わりを再検討したい。グローバルにリスク化した監視社会と，そこに生じた個人化との関係を捉え直しながら，個人と社会についてのこれまでの視線を転換させたい。

第1章

第1節 ポスト近代と「社会」

(1) 社会的なものの終焉

「社会の終焉」(end of society)、あるいは「社会的なものの終焉」(the death of the social) といった標語が浸透しつつある。ルーマンのような社会学者ならありえないと言うだろう。なぜなら「社会」(Gesellschaft) とはコミュニケーションの包括的ネットワークであり、それがなくなるということは、全くコミュニケーションが存在しなくなるということだからである。これは、我々が相互に何の関係も持たない完全に孤立した存在になってしまうということと同義であって、現実味のない想定である。

近年になって一般化しつつある、コミュニケーション・ネットワークとしての社会という社会観に立てば、社会の中では、コミュニケーションによるコミュニケーションの再生産が生起しているのであり、そのコミュニケーションが再生産されているうちは、社会は自らを再生産し続けているのであって、どんな形をとるにせよ、社

第1章　社会の"終焉"

会が終焉するということは考えられない。社会を構成する国家や地域社会，学校や家族などの消長・衰退はあっても，社会それ自体がなくなることはない。

　したがって，社会の終焉を論じるのはナンセンスであるはずである。しかし，「社会」を想起することの困難は日増しに増大しつつある。社会という，実はその全体を目にすることの困難な抽象的存在は，国家や地域や親族・家族の存在が曖昧化してゆくにつれて，わかりにくいものとなってゆく。
　近代国家においては，家族，地域，学校，組織，会社などから国家へと至る連続体が，見えやすい形で存在しており，諸個人は，自分がさまざまな形で社会に包摂されている様子を具体的にイメージすることができた。そして同時に，自分自身のアイデンティティも同じようなしかたで，ある中心を持った広がりの中で安定した状態として想像することが可能であった。

　しかし，20世紀のなかばを過ぎて，1970年代あたりから，先進工業国を中心に，そのような形での「個人と社会」の関係は崩れ始める。国や地域や家族などの結節点によって具体的にイメージすることのできた社会が，現在のような，コミュニケーション・システムとしての社会イメージに変わることで，何が"終焉"し，何が新たに生み出されているのか。
　かつてイギリスの首相であったマーガレット・サッチャーは，1980年代の終わりにこういうことを言っている。「社会といったものは存在しない。存在するのは個々の男女と家族である」。いかに

も，その後のネオリベラリズムの台頭につながる道を準備した政治家らしい発言であるが，ある形での社会認識を正しく表現しているとも言える。ただし，社会学者としては，こんな社会観を受け入れるわけにいかない。

(2) モダニティとポストモダニティ

巨視的に見れば，底流にあるのはダニエル・ベル（D. Bell）が『脱工業社会の到来』（1973年）で唱えた，工業社会から脱工業社会（post-industrial society）への転換，モノを作る産業社会から，情報を作る文明への変化である。モノから情報へというこの流れは，別の角度から眺めるならば，労働し生産することよりも「消費」することに生活の重点が置かれる消費社会化であり，ジャン・ボードリヤール（J. Baudrillard）が『消費社会の神話と構造』（1970年）で描き出したような，モノの実質的価値よりは記号的「見せかけ」と差異の魅力によって消費が喚起されるタイプの社会への変化である。

情報化された消費社会への変化にともなって，政治的・経済的・文化的なグローバル化も進行し，近代産業社会が作り上げてきたさまざまな社会的仕組みがうまく機能しなくなり始めた。

マクロな社会構造とは異なったミクロな諸個人の意識においては，その変化は，例えば，まずはデヴィッド・リースマン（D. Riesman）が『孤独な群集』（1950年）で早い時期に指摘した，近代人の社会的性格の〈「内部指向型*」から「他人指向型*」へ〉の移行として現れた。その後，アイデンティティの拡散やプライバタイゼイション（privatization：私生活中心主義）についての議論を経て，

第1章　社会の"終焉"

> *内部指向型（inner-directed type），他人指向型（other-directed type），流動的アイデンティティ（fluid identity）

内部指向型は，近代人に典型的な，自己の内部に確固たる指針（価値観，目標）を持った剛直な社会的性格（social character）であり，社会心理学者エリク・エリクソン（E. H. Erikson）が言うような意味でのアイデンティティが明確な人格的キャラクターを指している。これに対して，他者の反応や周囲の状況に敏感で，内部の指針ではなく，レーダー的な状況把握と同調によって社会関係を処そうとするのが他人指向型のキャラクターである。

リースマンは，主として20世紀なかばの北米における都市の中産階級にこのような変化を認めたが，このような他人指向化は，その後のアイデンティティの拡散現象の先駆けであり，現代につながる大きな流れの始まりでもあった。ただし，他人指向型と流動的アイデンティティを区別しておく必要はある。

現代人は他人指向型よりもいっそうアイデンティティが曖昧化し流動化しており，多くの場合，現代人の自己意識にはアイデンティティの核のようなものは認めがたい。さまざまな状況に応じた複数の「…としての自分」が，いわばドーナツ状のネットワークを形成しており，その中心は中空構造になっている。それが「流動的」という言葉と「アイデンティティ」（いつも同じ）という相容れない二つの言葉の連結によって表される自己の構造であり，他人指向型とは異なっている。

リースマンの他人指向型は，いわば弛緩した内部指向型であり，内的中心の弱体化を周囲からの承認と同調によって補償しようとする，移行タイプの社会的性格だと考えられる。内部指向型か他人指向型かと問われれば，現代人は他人指向型に入るが，皆が同じ「顔」をし，同じような生活スタイルを求めていた大衆的人間と，現在の差異化した流動的アイデンティティのありかたとは区別しておく必要がある。

第 1 節　ポスト近代と「社会」

やがて「流動的アイデンティティ*」や，状況に応じて多様に変化する振舞いを容認する議論へと進展し続けている。

　そして，このような，個人と社会が共に大きく変容する時代の雰囲気を象徴的に表現したのが「ポストモダン*」(postmodern：ポスト近代) という言葉である。この用語は，日本ではやや流行語的に導入されたきらいがあり，そのせいで，ポストモダン自体を一時の流行現象と考える向きもあるが，それは誤っている。

　言葉としてどういう表現をとるにせよ（「第二の近代*」「ハイ・モダニティ」などという表現のほうを好むアンソニー・ギデンズ (A. Giddens) やベックのような研究者もある），近代という時代が大きな曲がり角に差し掛かったという認識はあるていど共有されており，その影響は政治・経済・文芸を始めとして自然科学にまで及んでいる。そして社会学的に見るならば，これは，19 世紀に「発見」されたと言われている「社会」という概念そのものの有効性を問うこととして現れる。

　「第二の近代」「ハイ・モダニティ」というのも，同じ事柄を別の言葉で表現したものである。ただしこの場合には，ポストモダンという用語に比べて，時代の断絶というニュアンスは弱く，どちらかというと，近代という大きな枠組みの中での変質という意味あいが強い。ポストモダンという言葉も，決して近代の後に突然新しい時代が来たなどと言っているわけではないが，この言葉の登場のしかたが時代の"断絶"を強く意識させたので，この用語を好まない論者も多い。

第1章 社会の"終焉"

> **＊ポストモダンと第二の近代**
>
> およそ1970年代頃から，先進工業国は情報化された消費社会へと変貌を遂げ始め，近代社会はその頂点を過ぎて変質し始めた。この状況を「ポストモダン」という言葉で表現したのはフランスの哲学者ジャン＝フランソワ・リオタール (J-F. Lyotard)，であり，『ポストモダンの条件』(1979年) は広く読まれた。
>
> 「黄金の60年代」と呼ばれる高度成長期を経て，近代社会は次第にその活力を失っていったが，リオタールはそれを「大きな物語」(grand récit) の衰退と捉えた。「大きな物語」とは，「歴史の発展」「人間の解放」「富と繁栄」などの，近代社会の根底を支えていた大きなスローガンであり，改めて問い直すまでもなく自明の大前提とされていた大原則である。
>
> そのような物語が信憑性を失い始め，さまざまな社会領域で制度疲労を起こすようになった。それは学問，芸術，科学技術を始めとして，あらゆる知の領域に浸透し，同時に，政治・経済・教育などの諸分野でも数々の問題を引き起こすようになった。その内容については，本書でも各章，各節で取り上げるが，ポストモダンという言葉を使用するかどうかは別にして，近代社会が大きな曲がり角に差し掛かったという時代体験を，この言葉は適切に表現している。

これと併せて，〈モダニティ (modernity) とポストモダニティ (postmodernity)〉という区別のしかたが好まれることも多い。翻訳すれば「近代性」と「ポスト近代性」ということになろうが，近代の特性をモダニティという言葉で表し，ポスト近代的な諸特性をポストモダニティとして，両者を対比するものである。「モダン対ポストモダン」という時代区分的な表現よりは抽象性が高いので，近年はこちらの区別のほうがより一般化している。

「社会的なものの終焉」という論点は，近年になって各方面での社会の「終焉論」の興隆につながり，それは「社会的なもの」の再考と「社会学のアイデンティティ・クライシス」を同時に含意するものとなっている。もっとも，これは「社会」という19世紀的概念と社会学の形成とがそもそもの発生当初から孕んでいた契機でもある。

　社会は，どのような視点から見ると，どのようにして変質あるいは終焉しつつあると観察されるのか。ベックとその周辺で提起されている問題を手掛かりとするのがわかりやすいだろう。ベックはリスク社会論以後グローバル化論に論点を移行させているが，とりわけEU（欧州共同体）との関係で社会学を論じ直すという仕事が多く見受けられる。ここでは社会学と「社会」の概念を巡って展開されたものに絞って話しを進め，議論の糸口としたい。

第2節　ポスト社会的な社会理論

（1）社会のコンテナ理論

　グローバル化は，政治・経済・文化などの広範な領域を巻き込みながら進行しつつある過程であるが，その評価には，グローバル化を肯定的に見るもの，否定的に見るもの，ならびに，否定的側面を批判しながらも新しいステップとして捉えようとする立場とがある。

　ベックは三つ目の立場であるが，「近代」社会学は国民国家という概念をコンテナとして，そこに一切合切を入れ込んでしまう「社会のコンテナ理論」であったと批判している。そして，近代的「社

第 1 章　社会の"終焉"

会」概念を放棄し，トランスナショナルな社会空間を記述するにふさわしい社会理論の形成を求めている。

　ベック（『グローバル化の社会学』：1997 年など）によれば，近代社会は「あたかも一つのコンテナに保管されるように国民国家の権力空間の中に保存されていた」のであるが，そのような近代の社会に関する学問である社会学は，まさに 19 世紀から 20 世紀にかけてヨーロッパで国民国家が成立する時代に形成された。
　それゆえに社会学と国民国家のつながりは深く，社会学における「社会」とは国民国家のことであり，従来の社会学における「社会」の概念は「方法論的ナショナリズム」（＝国民国家を単位として全てをそこに包摂する論理）に依拠するものだと主張している。
　そして，古典的社会学の創始者であったデュルケームにもウェーバーにも共通していたのは，近代社会を国民国家に倣った社会モデルに基づいて定義したことであるとして，「社会も社会学も，国民国家を社会と同じものと見なす〈領土の罠〉に陥っている」（Beck, 1997, S. 52）とも批判している。

　そのようなコンテナ理論化した社会概念に替えて，現代のグローバル化した社会に必要なのは，国民国家という空間に限定されない「ポスト社会的な社会理論」（nach-gesellschaftliche Gesellschaftstheorie）であると言う。「ポスト」社会的というのは誤解を招きやすい表現だが，近代社会学が使用してきた「社会」の概念が，ほぼ国民国家と同義であるという理由で，それとは異なる新しい社会の概念が必要であるということである。

第2節　ポスト社会的な社会理論

ただし，ベックの主張は，正確には「ヨーロッパ化の」ポスト社会的な社会理論という限定つきである。ここでの議論はもっぱらEUという社会空間に向けられたものだからである。これまでの近代国民国家の境界を超えて，「コスモポリタン的ヨーロッパ」を志向する脱領域的な社会理論を提出しようとするものである。同様の発想は，日本やアジア諸国の場合には，新たな「東アジア共同体」形成という構想にもある。

これは具体的には，ギデンズらと一緒に主張してきた「第二の」近代，「再帰的」近代*における「境界の喪失」あるいは「境界線」の引き直しということを意味している。

「第一の近代」においては，さまざまな制度の境界線は，一定の

> **＊再帰的 (reflexive) 近代**
> 　　再帰的近代というのは，ギデンズやベックが好んで用いる用語であり，近代社会が一本調子の発展的上昇を終えたことを表す概念である。近代の社会は，近代そのものが生み出した制度や科学技術のさまざまな影響を，"再帰的"（自分に再び降りかかってくる）に体験することになった。
> 　　それゆえにまた，第二の近代と呼ばれる時代は，常に自らを反省的にモニターし，自己点検と編集を繰り返しながら自己を創造してゆかねばならぬという社会観である。
> 　　したがって，再帰的近代という言葉は，事実としての制度的な再帰性（近代が近代の限界を生み，近代自身が近代の生まれ変わりを要求している）という側面と，そこに生きる人間や集団が，自らの生活態度を反照的に組み立て，いつも自己をモニターし再帰的（自分自身の反省と再編集）に生きる必要が出てきたという，主観的な側面とを持っている。

第1章 社会の"終焉"

基準に従った標準化と,それに向けての同調を要求する規範化にあったからである。国民国家における国語や度量衡の統一は言うまでもなく,生活の全領域における法的・経済的統一性と,教育と文化の国内的斉一化,そしてそれに合わせた標準的家族像（標準家族）と勤労者のイメージ等々,これまでそれなりにうまく機能してきた諸境界線が,今やグローバル化の影響下で制度疲労を起こしているということである。

(2) 公共性の隘路

我々がここで注意せねばならないのは,喪失もしくは変質しているのは,トータルな意味での「社会」ではないということである。同じことは社会概念の困難を嘆いたマイケル・マン (M. Man) ——「"社会"を一つの主導概念や基本単位で表すことはできない。…もしできることならば,私は"社会"という概念を完全に廃棄してしまいたい」(Man, 1986, p. 2) ——にも当てはまる。

「第一の」近代の境界設定が,国民国家の形成と規範の一般化に起因するものであることを指摘しながら,なぜベックはそれが19世紀における福祉国家の理念形成と連帯から多大な影響を受けたものであることに注意を向けないのだろう。この点は近年になって,むしろベックとは異なるフーコー系のリスク社会論によって明らかにされつつある。

それらの諸研究が指し示す方向から見直すならば,社会の終焉論において実際に終焉しているのは「社会」ではなく「連帯」あるいは「道徳」である。終焉論は連帯の喪失を社会（社会的なもの）そのものの消失と混同している。「社会」と国民国家を切り離すだけ

第2節 ポスト社会的な社会理論

では，問題の焦点は明らかにならない。この点については後節で詳しく検討する。

　これとは別にユルゲン・ハバーマス（J. Habermas）などは，社会科学が伝統的に依拠してきたヘーゲル的「市民社会」(bürgerliche Gesellschaft) の概念から市場・経済の要素を除き，非国家的・非経済的なアソシエーション（NPO・NGOや各種市民団体）に基礎を置く新しい「市民社会」(Zivilgesellschaft) 概念に移行しようとしているが，そこで新たに問われねばならないのが「連帯」の変質であることを看過している。

　もちろん，このハバーマスの観点も重要である。社会の概念は，必ずしもベックが言うように国家の概念に吸収されてしまうわけではない。一方では，国家や民族とは異なるものとして社会の概念を形成しようとしてきた歴史があり，むしろ逆に，社会学は，国や政治とは別のレベルに「社会」というものを据え，国家や政治・経済の論理とは違った領域を確保しようとしてきたとも言える。

　それにもかかわらず，おおむね社会の概念が国家と重なりあってしまっていたというベックの指摘もその点では正しいが，生活者の論理と政治の論理とを峻別し，国家行政や経済のシステムに対して市民の生活世界（Lebenswelt）を対峙させようとするハバーマスのような姿勢もまた，社会学が追究してきた論点でもある。

　そのような，国家の行政や経済の論理に対抗する拠点として想定されていたのが「公共性*」(Öffentlichkeit, publicness) という概念である。この，実は中身が曖昧な漠然とした概念は，それでも，市民

第1章 社会の"終焉"

社会が政治的発言を行い、国家の正当性を吟味するための拠り所であった。そこには、確かに国家と重ならない社会の意義が存在していた。

ところが、そのような市民社会の基盤となる「市民」自体の存在があやふやなものとなり、市民が形成する公的意識である公共性の概念もまた曖昧化していった。この状況を受けて、ハバーマスは『公共性の構造転換』（1962年）を執筆し、また近年になって更に新たな序文を付け加えて（1990年）注意を喚起しようとした。

> **＊公共性（Öffentlichkeit, publicness）**
>
> 公共性という用語は、よく使われるわりにはその内容が不明瞭な言葉である。ハバーマスはこれに「市民的公共性」という類型を付与して、近代市民社会の市民的合意に意義を与えようとした。ただ、ハバーマス自身も含めて、学問的にあまりきちんと定義されていない概念である。
>
> 「公益性」と「公開性」をその中身として捉えるのが一般的であるが、近代市民社会が要請した概念であることは確かである。成員に対して社会（国家、行政、世論）の正当性を担保するのが公共性の概念であり、逆に、個人の社会性と成員性を担保したのが道徳という概念である。
>
> 公共性は、集合的なものとしての社会の正当性を、その構成員たる個人や諸集団に向けて保証するのであり、道徳は、個々人がその社会の構成員として承認され集団に包摂されることを裏づけるものとなっている。いわば、個人と社会を結びつける際のベクトルの向きが反対である。共に個人と社会を結ぶための社会的装置であったと言える。

だが、その努力にもかかわらず、そして、多方面で公共性論が盛

んに論じられているにもかかわらず，公共性はいっそう曖昧で見えにくい概念になりつつある。あるいは概念的に分裂して，いくつもの公共性が乱立しかねない状況である。ここに至って我々は，「公共性」という概念もまた近代の「大きな物語」の一つであったのであり，それゆえに，ポスト近代の時代にはその自明性を喪失し，概念内容が不明なものになりつつあるのではないかと疑わざるをえなくなる。

　出口の見えなくなった公共性論の隘路を脱するために，最近では，ハバーマスよりもハンナ・アレント（H. Arendt）を評価する傾向がある。アレントの公共性論はハバーマスよりも時代的には前のものであるが，合意よりは多様性を重視し，ひとりひとりが異なった存在であること（「生の複数性」）を承認される場として，「公」というものの存在意義を認めている。
　グローバルな民族対立や移民問題，マイノリティの権利保護といった点から見れば，合意が困難な差異化の時代においては，アレントの公共性論が理論的に寄与する可能性はある。だが，モデルとなっているのが古代ギリシャのポリスであり，また，「社会」という概念を経済と同一視して，政治的なものを特権的に評価するという偏りがあるのも事実である。

　イメージしにくくなった公共性を具体的に新たに展開しつつある場として，近年，注目されているのがNPO・NGOを始めとするさまざまな市民運動であり，ここに，政治（行政）とも経済（企業）とも異なった，生活者の論理を持ち込み広げようとする活動が盛ん

第1章 社会の"終焉"

になりつつある。これらは「新たな公共空間」という呼ばれかたをすることもあるが，そこでもまた，社会の境界線は新しく書き換えられつつある。

個人化する社会

第2章

第1節　個人化論

　社会の終焉論と関連させて，近年になって興隆しつつある「個人化論」に触れておきたい。個人化論は社会の終焉論と並行して論じられているが，個人と社会とが一対の概念であることを考えれば，社会概念が消失して個人概念だけが生き残ることは難しい。社会の終焉論とともに「個人の終焉」論が登場するのは当然と言えば当然である。

　ただしその場合，個人は"終焉"するのではない。社会の終焉論がそうであったように，近代的意味での「個人」(自律的個人主体) が消失するのであって，個人は新たな形をとりながら変容をとげてゆく。ただ単に「公共性が喪失」し，「公徳心が失われ」，自己中心主義＝「ミーイズム」(meism) が蔓延してゆくのではない。

　もちろん，私的領域の肥大化によって社会的なものの意義が貶められているというリチャード・セネット (R. Sennett：『公共性の喪失』1974年) のようなまとめかたは可能だが，個人と社会は一方だ

第2章　個人化する社会

けで存在することのできる概念ではないから，個人化の進行がストレートに社会の消滅につながるわけではない。

では，近年の個人化論はどのような形で社会の終焉論と両立しているのか。一般に「個人化論」と呼ばれている理論は，その提唱者のひとりであるベックや，あるいはバウマンが『個人化社会』(2001年) で述べる，以下のような内容を指している。

伝統的集団からの解放としてあった「第一の近代」における個人化に対して，近代的な中間集団（組合，国民国家など）からも個人が解き放される「第二の近代」の中で，諸個人が固有の自律性と選択権を手にするとともに，さまざまな社会的リスクと直接に向き合わねばならぬ，「運命」としての個人化が到来しつつあるという時代診断である。

近代化によって，個人は身分，伝統的共同体，親族などの集団から自由になり，職業選択，居住地，配偶者選択などの個人的自由を手に入れた。これがいわゆる近代的な個人化であった。伝統的拘束から自由になった個人は，次には新しい形で近代的な中間集団の中に位置づけられ，それらによって守られながら，一定の範囲での個人的多様性を獲得していた。

ギデンズの用語を用いるなら，個人は，伝統社会から「脱埋め込み化」(disembedding) された後に，近代社会に「再埋め込み化」されることで，近代的個人となった。現在進行しつつあるのは，このような近代的中間集団がグローバル化とポスト近代化の中でその意義を失いつつある状況であり，個人は，近代化の過程で再埋め込

み化された集団から新たに脱埋め込み化されつつある。

　家族・階級・近隣関係などの第一の近代に形成されたカテゴリーは「個人化によって，すでに死んでいるが，依然として生き残っているゾンビカテゴリー」となっており（Beck/Beck-Gernsheim, 2002, p. 203），それゆえに，個人化は「百年前にそれが意味していたこととは全く違ったものを意味するようになってきている」（Bauman, 2001, p. 45）。

　ここで指摘されている，これまでとは異なった個人化は，その負の側面を見れば，グローバル化した消費社会に蔓延するナルシシスティックな個人化―「ナルシス的個人主義」や，リスクへの個人的対応を「運命づけられた」個人化をも指している。プラス・マイナスどちらの観点から見ても，もはや個人は何らかの集団によって説明される存在ではなくなりつつあるようであり，その意味では個人というものが，純粋に個人の判断とパフォーマンスによって成り立つカテゴリーとなりつつある。それゆえにまた，自己の行為に対しては，自分のみが自己責任を負わねばならない。

　それは，初めて，何らかの集団に所属するのではない「個人」そのものが社会の単位となった社会であるとも言える。あるいは逆の言いかたをするならば，初めて，単なる社会の構成単位ではないような個人が生み出されているということになる。

　このような個人化論に対しては賛否両論があり，現代社会を一面的に「個人化する社会」と言い切ってしまうことには多少のためらいはある。なぜなら，この個人化する社会は，同時にグローバルに

システムが普遍化を要求する時代でもあり，また，情報管理の一元化と同時に，「監視社会論」が指摘するような意味での新たな管理が浸透する時代でもある。

シンプルに個人化論を振りかざすことは控えねばならないが，ベックやバウマンの指摘は，現代社会論として大筋で納得のゆくものであり，リスク社会論，監視社会論と並んで，20世紀末以降の現代社会の構図として説得力のあるものとなっている。グローバル化と個人化が（相補的な対照性を形成しつつ）同時に進行する時代として捉えるのが妥当であろう。

第2節　個人の"終焉"

ずっと以前に「個人の終焉」を明確に指摘していたのは，テオドール・アドルノ（Th. W. Adorno）である。その際に「個人」という概念で想定されていたのは，初期資本主義の企業家に代表されるような，強い意志を持った個性的人間モデルである。近代化の進展とともに，ウェーバーが指摘するような意味での「鉄の檻」に取り囲まれ，形式的な合理性や組織の論理に支配された個人は，もはや自身の実質的な合理的判断によって行為する主体ではなくなった。いわば格下げされた個人になってしまったという考えかたである。

20世紀もなかばを過ぎた社会を見て，アドルノは「個人は普遍的なものの単なる執行機関に格下げされ，…今や，取るに足らないものになってしまった」(Adorno, 1966, S. 336) と嘆いていたが，今の個人化論は，このようなアドルノ的個人観とは異なっている。

個人化論が想定している個人が，もはや古典的近代の雄々しくフ

ロンティアに立ち向かう堅くて強い個人でないことはもちろんだが，形式や秩序に唯々諾々と追随するだけの存在でもない。確かに「第一の近代」に現れた個人は終焉しつつあったが，そこから近代的個人とは違うタイプの個人が出現してくることまでは，アドルノは見届けることができなかった。

　ベックの個人化論は「リスクの個人化」と「擬似主体」（Quasi-Subjekt）の二点から組み立てられているが，もちろんここで問題としているのは後者の意味での個人化である。前者の「リスクの個人化」は，リスク社会においてはリスクが階級や集団を飛び越して直接に個人を襲うという，『危険社会』（1986年）以来よく知られたテーゼである。この点については，リスク論との関わりで，後に詳しく論じる。

　それに対して後者は，再帰的近代化論の文脈で，「第二の」近代における個人主体を，これまでの第一の近代とは異なる主体として位置づけるものである。「個人はもはや固定的な不変の主体ではなく，《擬似主体》と見なされるべきである。…それは，自分自身と自分の生活史の作者であり擬制的決定者である」（Beck/Bonß, 2001, S. 44）。

　ギデンズなら「再帰的モニタリング」（自らを反省的にモニターし続けること）の主体とするであろうこのような擬似主体は，擬制的なもの（主体と同様の効果は持つが，主体とは異なったもの）でありつつも，新種の主体性と個性を持った自律的存在であると見なされている。

第2章　個人化する社会

　ここでは,「ポスト社会的」な曖昧な社会概念と「擬似主体」的個人概念は, 近代的境界線の引き直しという土俵の上で共存している。これを「社会の終焉論」と「個人化論」一般に戻して考えると,〈擬似主体によって構成される擬似社会〉という理論的構図が浮かび上がる。

　ギデンズの再帰的モニタリングやベックの再帰的な「擬似主体」(準主体), バウマンの「個人化社会」は, 現代という時代と人間とをうまく描写しているが, そこには理論的な詰めの甘さもある。再帰的に自らを再構成し続ける, 自分と人生のエディターのような擬似的主体と, 他方にある（国民国家の衰退とともに曖昧化した）「社会」概念とを並置するならば, 擬似主体によって構成される擬似社会は奇妙な様相を呈する。共にはっきりとした輪郭を持たない擬似的・流動的存在である個人と社会が, それにもかかわらず一対の概念を構成することができるのはどのようにしてなのか。

第3節　分割された個人

(1) 分割可能なもの

　もう少し踏み込んで検討するならば, 例えばベックのように, 個人 "Individuum"（individual）の "in" を取って "Dividuum"（dividual：分割可能なもの）と規定し直すのは, どのていど妥当と言えるだろうか。

　確かに, アイデンティティの拡散や「分裂症的」な自己イメージが問題にされてすでに久しく, 現代人の振舞いが状況主義的に拡散したものであるという点については, 大筋で納得の得られる部分で

第3節　分割された個人

あろう。ここでもその点には同意しておきたい。問題はその先である。本当に個人を "Dividuum" と考えてよいのだろうか。

確かにポストモダニズムの哲学者ジル・ドゥルーズ（G. Deleuze）の言ったように，一貫性とこだわりに支配されていた「神経症的」な近代人に比べて，ポスト近代に生きる人間は，思考や感情のルースなネットワークを生きており，自己のパフォーマンスについても，一貫した自己へのこだわり（アイデンティティ）を捨て，多様で可変的な，あたかも分裂した自己を（「分裂症的」に）自由に生きているかのように見える。社会心理学者ケネス・ガーゲン（K. Gergen）はこのような多元的で多重的な自己経験を「飽和した自己」（saturated self）と呼んだ。

個人が「分割可能なもの」になったとしても，それは，状況に応じた振舞いの集合体として自己をイメージすることであるから，自己＝「私」が一個の存在であるという意識が失われているわけではない。もしその統覚（自己の意識を統一する作用）としての「私」が本当に分割されたら，それは端的に精神の病という範疇に入るものである。ベックとてそのような意味での，統合的にイメージされる「私」が存在しないとは考えていないはずである。

現代人は状況主義的にその場その場の，一見「バラバラ」とも思える自分をコーディネイトして生きているが，そのようなさまざまな自分が"ひとりの自分"であることもよく知っている。ただし，「主体」という概念は構造主義*とポスト構造主義*によって徹底的に批判されてしまっており，近代的主体というものは，概念的にも

事実上も，そのままでは存在しがたいという点は了解せねばならないだろう。

> ### ＊構造主義とポスト構造主義
>
> 　　構造主義（structuralism）は，フェルディナン・ド・ソシュール（F. de Saussure）の言語学や人類学者クロード・レヴィ＝ストロース（C. Lévi-Strauss）などによって知られるようになり，第二次世界大戦後から，1960年代末にポスト構造主義が登場するまで，大きな影響力を持っていた思潮である。ごく大雑把にその特性を記述するならば，構造主義とは，人間の社会活動は言語と同じように，本人達の気づかない（あるいは無意識の）「構造」と規則に従って営まれているというものであり，親族関係や神話の構造がその典型とされた。
>
> 　これに対してポスト構造主義は，構造主義の静的で閉鎖的なシステム観を批判し，常に新たな生成を遂げ不断に差異化してゆく世界観を提示した。ジャック・デリダ（J. Derrida）などのフランスの思想家によってリードされたが，先にも触れたリオタールを始め，社会学にも大きな影響を与えている。社会学を学ぶ者ならば，これが，情報化した消費社会に対応した社会観・人間観であることを見逃してはならない。
>
> 　構造主義では，主体は構造に従属しており，それゆえに構造決定論でもあるが，ポスト構造主義では，構造だけでなく，主体そのものも「脱構築」（解体）されている。近代の人間観の根底にあるのは，私にとって私が自明であるという，しばしばデカルト（R. Descartes）の「我思う，ゆえに我あり」に比される自己観であるが，ポスト構造主義は，そのような自己意識もまた構成されたものであり，自己にとっての自己の自明性（「現前の形而上学」と呼ばれる）は否定される。
>
> 　私が私であることを知るためには，私は，何らかの私とは異なるものと対比されねばならず，そこには，他者や媒介物が必ず存

第 3 節　分割された個人

在する。他者との出会いによる自閉性の破壊や，自己ならざるものとの摩擦や軋轢がなければ，私は私が存在することに気づかされることはないからである。

　このことを自己の内部に引き入れて再考してみるならば，「今の私」という表象は，一瞬前の私や過去の私，自分が今とは違った形で存在する可能性などとの対比によって「私」として認知されるのである。同じ一つの私が継続しているわけではない。私自身が自分の内部に自己ならざる要素を持つことによってしか，私という認識は得られない。

　それゆえ，構造主義によって構造に従属させられた「主体」は，ポスト構造主義によって，その中身も脱構築され，主体という観念そのものに失効が宣言された。ここでは詳しく触れることはできないが，この考えかたはルーマンの社会学と多くの共通点を持っている——ルーマンは「ポストモダン」という言葉を好まないが。

(2) 分割不能なもの

　現代人の自己意識は，近代的主体とは異なった意味で，強固な私という「閉じ」を形成しているとも言える。それをナルシシズムと呼ぶこともできるが，現代人の意識の大きな特性は，一方で状況主義的に開かれた融通無碍な現実対処が可能な，複数の自己を操る能力を持ちつつ，他方では，強烈なナルシシズム的自己意識と，自己の感性に対立するものへの抑えがたい否定的感情が同居しているという点にある。その意味では，我々の自己イメージは決して「分割可能」ではなく，分割不能＝In-Dividuum でもある。

　後に改めて論ずるが，ここでは，個人の自己意識が「閉じつつ開いている」というルーマンの発想に基づく視点が重要である。ベックやバウマンの場合には，このような形での理論化が十分にはなさ

れておらず，そのせいで，個人は社会と同様に，その概念的曖昧さの内を漂うような印象を受ける。

これでは，個人と社会の境界線が曖昧になっただけで，結局は，近代社会学的図式＝〈個人と社会の結びつけ〉が流動化したという主張に終わってしまう。つまり，個人も社会も可能性に向けて開かれた存在ではあるが，どちらもきちんと論じられないままに放置されることになる。

そこでは，いつも自分をモニターし，"社会的存在としての自分をうまくコーディネイトしましょう"的な，妙に明るい前向きな生きかたが求められるが，21世紀を迎えた現代人の多くは，その種のモニタリングや自己コーディネイトに疲れ始めてもいる。そのようなコーディネイトはある恵まれた生活をしている人々にのみ可能であるかも知れないし，また，苦労して自分と社会のバランスをとるよりは，どこかで社会から切れた自分を確保したいと願っているふしもある。

リスクと連帯

第3章

第1節　新しいリスク

(1) 福祉国家とリスク

ここで，前節で検討した理論的傾向と現実状況を踏まえて，「社会的なもの」あるいは個人と社会の存在様式を，違った角度から検討してみたい。

序でも触れたが，「社会的なもの」についての考察は，フーコーの影響を受けた社会理論―リスク-保険社会論，監視社会論―の中でも，ベック的リスク社会論とはやや異なった文脈で詳しく検討されている。リスク論，監視社会論，どちらの方向においてもポイントは連帯と道徳である。

ベックが『危険社会』を出版したのと同じ1986年に，フランスではフランソワ・エヴァルド（F. Ewald）の『福祉国家』（"L'État providence"：天佑国家）が出ている。どちらもリスク社会という現実認識に立っているが，リスク＊と社会との関係という点では，ベックが個人化という論点を重視しているのに対して，エヴァルドは

第3章 リスクと連帯

> **＊リスク**
>
> リスクという言葉は,『危険社会』の出版以来,多方面で使用されるようになった。同年の「チェルノブイリ原発事故」などがリスクをリアルなものとして体験させたが,日本では1995年に発生した「阪神大震災」の影響も大きい。
>
> 「リスク」(risk, Risiko) という用語は,自然災害のような危険一般 (danger, Gefahr) と区別され,何らかの人為的操作・選択によってもたらされる将来的損害を指している。ベックはリスク (Risiko) と危険 (Gefahr) の区別にこだわっているわけではないが,ルーマンはこの二つを厳密に区別している。
>
> 自分が決定に参加していないのに他者の決定によって被る「危険」と,自らの決定によって自らが被る将来的「リスク」の区別である。防災や薬害,食品偽装などの問題では,行政や企業によって住民・消費者が「危険」にさらされることになるが,それは,自己の選択によって生ずる未来の「リスク」とは異なるという考えかたである。リスクと危険の違いにあまりこだわるのは得策でないかも知れないが,住民運動や消費者運動においては重要な区別でもある。
>
> ルーマンのリスク論から我々が学ぶべきことは,ベックよりも「安全」に対して懐疑的な点であり,「コントロールのあるところではリスクも増大する」という,徹底した不確定性の認識である。この観点からすれば,しばしば行政のスローガンとなる「安全・安心社会」というものが,実は潜在するリスクから眼をそらし,行政の不行き届きを隠蔽しかねないものであることが理解される。

保険制度の成立を歴史的に再検討し,連帯論としてこれを提示しているのが興味深い。

ベックの個人化論とエヴァルドの連帯論は,同じコインの両面である。ベック的個人化と「ポスト社会的」な社会は,裏側から見ると,エヴァルド的意味での「連帯」の喪失が進行しつつある社会だ

第1節　新しいリスク

からである。このことが「リスク社会」認識から見えてくる。

　最初にクリストフ・ラウ（Ch. Lau）の分類を利用して，リスク社会論において「リスク」と呼ばれている事柄の中身を明確にしておこう。

一般にリスクと呼ばれているものには，三つの類型がある。
（ⅰ）初期資本主義の企業家や遠隔地貿易に伴う危険などの「伝統的リスク」

　　　保険の起源の一つが海難事故であったことからも分かるように，一定の仕事や職業に付随するリスクである。ここでは，あえてそのような活動に携わろうとする者の自己責任が前提とされている。

（ⅱ）失業や労働災害など，近代産業社会がその福祉国家的保険制度の対象として社会的に保障しようとした「産業‒福祉国家的リスク」

　　　不特定多数の労働者や市民が，誰もが普通に従事する業務や日常生活において，いわば一定の統計的確率において被らざるをえないような事故・災難，失業，生活破綻，疾病などを指すリスクである。

　　　これが「産業‒福祉国家的」と呼ばれる理由は，多数の産業労働者というカテゴリーを生み出したのが産業革命以降の産業（工業）社会であり，また，市民革命によって普遍化した「市民」が国家を支える根幹であると認識された社会だからである。

第3章　リスクと連帯

　産業社会は，一方で工業製品を生産し社会的繁栄と成長を目指すとともに，同時に，そこで発生する産業的・社会的リスクを保障する社会でもなければならなかった。それが福祉国家の役割であり，労働者・市民が主役である社会の社会保障システム（失業保険，健康保険，年金，生活保護等々）が整備されていった。

(ⅲ) 現代の「新しいリスク」

　「新しいリスク」は，ベックの『危険社会』以来認識されるようになったリスクであり，「産業–福祉国家的」枠組みには収まらない新種のリスクである。

　序でもすでに述べたが，このタイプのリスクとしてまず挙げられるのは，原発事故や残留農薬，核廃棄物，薬害などの，近代科学が一定の水準を超えたレベルに達したがゆえに引き起こす，科学が生みだしたにもかかわらず科学によっては明確な予測も解決もできないリスクである。科学は自らが生み出した問題を科学自身の発展によって克服できると考えてきたが，このような19世紀型の科学観はもはや成り立たなくなっている。

　これに加えて，科学的予測を超えた自然災害や「新型」ウィルスの脅威などがあるが，これは単なる科学の問題ではなく，それを運用する社会的・行政的システムの不備にも起因するものである。これが「新しい」リスクである理由は，これまでの「科学的」・「組織的」予防措置で対応してきたシステムが機能しない事態が頻発し，防災システム

や検疫システムそれ自体が常に想定外のケースに直面するリスクを抱えているからである。

　活発化しつつあるNPOやNGO，各種のボランティア活動はそれらの社会的システムの不備を補う活動としてある。

(2) リスクの個人化

ラウは主として科学技術的側面から新しいリスクを捉えているが，ここで我々が忘れてはならないのが，もはや旧来の「産業−福祉国家的リスク」処理では保障されない今日の社会的・日常的リスクである。

「リストラ」，非正規雇用，年金破綻，生活習慣病…等々，近代社会がこれまで整備してきた保険・保障の社会的システムが機能しない，新しい種類の生活上のリスクが数多く存在するようになった。にもかかわらず，個人は自らの責任でそのリスクを背負わねばならない。

ここでは「伝統的リスク」とは異なった意味においてではあるが，自己責任の論理が貫徹しつつあり，個々人はその能力やライフスタイルの多様性に応じてさまざまな個別的保険のシステムを採用せざるをえない。皆を一律にケアする福祉国家のシステムは危機に瀕している。この種の新しい社会的リスクに対しては，社会（行政も企業も）は保障を放棄し始めているようにさえ見える。

自己責任と言われはするが，人は自分の責任とは言いがたい雇用環境の激変とシステムの転換によって突如「リストラ」され，いったん正規雇用から転落すると，あっと言う間に労働市場から排除され，気がついたら，消費の世界からも締め出され，生産にも消費に

第3章 リスクと連帯

も必要とされない，あたかも廃棄物であるかのような「廃棄された生」(wasted life：バウマン）を生きねばならない。そのリスクは誰にでもある。

このような新しいリスクは，科学・技術的なものであれ，社会的なものであれ，個人に直接に降りかかること＝〈リスクの個人化〉を大きな特徴としている。

「産業-福祉国家的リスク」に対応した集団的・社会的仕組みが有効性を減じており，また，新しいリスクの特性が個別的・差異的なものであるがゆえに，リスクは個人によって異なった現れかたをする。災害のような大規模な災厄でさえ，それに遭遇した個人のありようによって，体験されるリスクの様相は個人ごとに異なったものとなる。

かつて，大衆社会論が盛んであった1950年代を中心とする時代にも，個人は中間集団から離脱して「根無し草」的大衆となり，ひ弱な「甲羅のない蟹」のような存在になったと言われた。確かに，心理的・精神的には大衆化してアイデンティティが拡散してゆく方向にあったが，現代のリスク社会から見れば，個人は福祉国家の体制に守られていた。

リスクの類型については以上のようなまとめかたができるが，ここで問題としたいのは現代のリスク社会に特徴的な「新しいリスク」それ自体ではなく，むしろその前の「産業-福祉国家的リスク」が持っていた社会的意味である。特に，「産業-福祉国家的」リスクが，計算可能性と保険制度によるリスクの「社会化」（＝リスクを被

保険者の連帯的共同体へと再配分すること）によって対処可能になっていたという点が重要である。

第2節　福祉国家と連帯

(1) 不安による連帯

これはエヴァルドの基本的論点でもあるが，確率計算によって比較・計算可能となったリスクは，個人への帰責を超えて，保険制度によってそのコストが「社会化される」。それはリスク認知の性格を根本的に変えたのであるが，同時に「社会的なもの」という新しい視点をも導入したことになる。

ベックは，連帯に関してはわずかのことしか述べていない。『危険社会』では，平等性を求める産業社会タイプの「困窮による連帯」から，リスクへの不安に基づく「不安による連帯」へという図式を念頭に置いている。

産業社会の論理は〈富の生産と分配〉であったが，リスク社会では〈リスクの生産と分配〉に転換する。どれだけモノを生産し，富をどう分配するかよりも，人間の活動によって生み出されるリスクを誰がどのように負担するかが主要な社会的課題となる。産業廃棄物処理やCO_2削減問題など，現代社会は日常的にその問題に関わっている。

産業社会は皆が豊かになることを「渇望」し，それを原動力としつつ「平等」の理念に支えられることによって運営されてきた。と

第3章　リスクと連帯

ころがリスク社会では，リスクへの「不安」が原動力となり，これを解決するための「安全」を追求することが社会運営の根幹となる。

それゆえ，産業社会の連帯は，欠乏の共有によって生み出されていたのであり，「困窮による連帯」が政治的な力に結集していた。しかしリスク社会では，危険に対する防衛が「安全・安心」を求める連帯の基盤となり，時にはヒステリックな「不安道徳」が理性的判断を駆逐しかねない状況をも生んでしまう。だがベックは，これすらも「正当な全体主義的傾向」と考えている。

しかし，ポスト福祉国家論*的文脈から見るならば，より根源的な連帯様式の変質，あるいは連帯の喪失という側面からこの事態を捉え直さねばならない。

リスク社会という状況判断は現代社会を見る一側面にすぎないかも知れないが，そこには現代社会が抱える根底的な問題が露呈しており，「不安による連帯」と表現された現象の背後には，もっと深刻な意味での連帯の喪失がある。これはデュルケームの「機械的連帯から有機的連帯へ*」というフレーズ以来の，社会学にとって最も本質的な，「連帯」の根源性を問う問題領域である。

＊ポスト福祉国家論

　ポスト福祉国家論というのはやや大雑把なくくりかただが，ここでは福祉国家の危機をいかにして乗り越えるかという議論一般を指しておきたい。一般的には「福祉国家」の成立は第二次世界大戦の（戦中）戦後の西ヨーロッパだと見なされており，また，制度的始まりは19世紀末ドイツのビスマルク体制に求められることが多いが，その"思想的"基盤は19世紀末から20世紀初頭のフランスにあったと見ておきたい。

　福祉国家の危機やグローバル化に伴うさまざまな問題については，すでに多くの論考がある。それらは福祉国家論であったり，公共性論であったり，市民社会論であったりする。しかし，本書では，そこで提示される，あまりにも早すぎる解決策からは距離をとっておきたい。近年は，論者の規範的志向性を際立たせ，政治的論点を先行させる議論が多く見受けられるが，それもまた，ネオリベラリズムの席捲と連帯の喪失，公共性の曖昧化などに対する危機意識の産物であろう。

　補足的に述べておけば，グローバル化が一方的に国民国家の自律性を損ない福祉国家の衰退を招くという図式は，必ずしも一般的妥当性を持つものではないとも言われている。むしろ，福祉予算の削減が政治的決断であるという事実を覆い隠す隠れ蓑として，グローバル化論が用いられているという側面も見逃してはならない。英国のブレア政権と，その政策綱領を社会学的にまとめたギデンズの『第三の道』(1998年) さえ，左翼の"転向"を正当化する言説だという指摘もある。

　ルーマンなどは，福祉国家のゆきすぎがシステム分化のバランスを崩す可能性を危惧しているが，ポスト福祉国家論には，福祉国家が必ずしも諸システムの活動を妨げるものではなく，逆に各々のシステムの自律性を保証する可能性を持つという研究も存在する。

第3章　リスクと連帯

> **＊機械的連帯から有機的連帯へ**
>
> 　デュルケームは『社会分業論』(1893年) において，人間社会の連帯の様式を「機械的連帯」から「有機的連帯」へという図式で提示した。機械的連帯 (solidarité mécanique) とは，相互に類似した構成員が機械的に結合した状態を意味し，近代的な分業が発達する以前の社会 (典型的には原始的社会) の結合様式だとされる。
>
> 　有機的連帯 (solidarité organique) は各人が自らの個性を生かしながら，分業によって結びつく近代産業社会の結合様式である。デュルケームはこれを進化論的に規定したが，『社会分業論』以降は，この二分法を用いなくなる。
>
> 　二分法に無理があるのは，有機的連帯と機械的連帯は二分法的に区別できるものではなく，現実にはさまざまな混合形態があり，また，有機的連帯は機械的連帯の上に，それに支えられながら作られているとも言えるからである。我々も単純な進化論的図式を採ることはできないが，デュルケームにおいて，連帯が「分業」と結びつけられていた点は重要である。デュルケームが連帯をテーマとして取り上げる基本的前提に，近代産業社会の形成と発展という現実があったということを忘れてはならない。

(2) 保険としての社会

　リスクと連帯に関わる議論は，近年になって注目されている「保険」と「監視」についてのフーコー派的言説に結びつく。とりわけエヴァルドらによって開拓された保険論が興味深い。

　先にラウのリスク分類について述べた際にも触れたが，エヴァルドの『福祉国家』は，福祉国家の成立が「リスクのテクノロジー」である「保険」とともにあったことを明らかにした研究である。「保険 (assurance) はリスクのテクノロジーとして定義できる」

(Ewald, 1986, p. 173)。

　古典的なリベラリズムにおいては，過失は個人に帰責され，リスクへの対処も自己責任と契約の論理に立脚していた。だが，やがて19世紀を通じて発展してきた確率・統計論によってリスクは計算可能なものとなる。社会事象を統計的に把握することは，事故や労働災害を運命的災難や個人の責任としてではなく，全ての者が同じ「リスク」に従属していると捉えることを可能にした。ここに，同じリスクにさらされた諸個人の連帯を生み出す社会的装置として，そして，そのようなリスクに備える連帯と相互依存の仕組みとして「保険」が登場する。

　19世紀以降の産業化の進展は，労働災害や貧困の増大といった種々の問題を引き起こし，以前には個人の過失として処理されていたことが「社会問題」として，すなわち「社会的なもの」(le social)と考えられるようになった。エヴァルドは，デュルケームの唱える連帯論もこのような「保険としての社会」という考え方を表現したものであったとみなしている。

　19世紀末フランスにおいて，福祉国家の思想的基礎を築こうとしたレオン・ブルジョワ (L. V. A. Bourgeois) やアルフレッド・フイエ (Alfred Fouillée) らの連帯の思想を引き継ぐものとして，改めてデュルケーム社会学を位置づけ直すことの意味は大きいはずである。

　デュルケームの場合，連帯についての記述は『社会分業論』(1893年) が中心であるが，『自殺論』(1897年) や『社会学的方法の規準』(1895年) を合わせて読むとき，この時代の統計学的思考

からの強い影響をうかがうことができる。まさにハッキングが指摘したように、デュルケームは同時代の統計学的研究に影響され、それらを批判もしながら、「正規分布」(ベルカーブ) によって社会現象を把握しようとした。

「デュルケームの時代には、正常からの偏差の法則そのものがリアリティの一部になったのである。…デュルケームはまことに統計学フランス学派の忠実な一員であった。…デュルケームは道徳的なものを正常なものと結びつけたのである」(Hacking, 1990, pp. 177f.)。

平均や分布は全体としての社会が固有に持つリアリティであり、個人に還元することのできない「社会的事実*」である。ここには分割することのできない有機的全体としての社会があり、分割不能であるがゆえに犯罪も病理も、同じ社会の中の出来事として発生し、まさに個々には離散している個人が、全体としての分布曲線において綺麗なベルカーブの中に収められる。

> **＊社会的事実（fait social）**
> デュルケームは、社会的事実こそが社会学の対象であるとした。社会的事実は、個人（意識）に対する外在性と、個人に対して強制的に作用する拘束性によって特徴づけられる。社会的事実には、法、道徳、言語を始めとして、さまざまな社会制度があるが、それだけではなく、集団の熱狂や世論などもまた含まれる。それゆえ、「自殺」といった"世論の諸潮流"もまた社会的事実であり、それは「自殺率」という統計と分離しがたく結びついている。『自殺論』(1897年) はそのようなアプローチの結晶である。

分割できない社会

第4章

第1節　リスク対応のパラダイム

(1)「道徳的社会」

19世紀において,「正常」は学校の模範や身体器官の健康状態を表す用語であった。フランスの科学史家ジョルジュ・カンギレム (G. Canguilhem) の言葉を使うなら,「正常」(normal) であることが「規範」(norme) となったのである。分布曲線の平均値に近い, より多くの個体が分布しているところが正常な領域であり, ここを規範的な軸として, 全分散をこの基準値に同調させようとする規範主義的な同調志向が強まる。

このカンギレムの視点が後のフーコーの研究にインスピレーションを与えたことはよく知られているが, しばしば批判的に捉えられる「近代的」社会観も, 連帯という観点から再考するならば, そこには単に規範主義的で拘束的であったりするだけではない, 重要な要素が含まれていることが見て取れる。

個人を分布曲線上に並べただけに見える統計学的思考は, その一

第4章　分割できない社会

見冷たく見える装いの下に，我々が一つの社会を作る同じ人間同士であること，それゆえに社会を分割することはできないという理念を保持していた。

人を観測値に還元し，もっぱら統計的数値からのみ人間と社会を論じるように見えるやりかたに，非人間的要素を感じることも多いだろうが，この思考法の根底には，それらの観測値を形成している個々の個体（人間）は，みな同等の存在だという前提がある。正規分布の左端も右端も，「得点が低い，高い」という差はあっても，同じ人間として分布曲線に包摂される。

それゆえ，「あらゆる社会は一個の道徳的社会である」（Durkheim, 1893, p. 207）というデュルケームの主張は，"社会は分割できない"という思想であり，皆で一つの同じ社会を作っているという社会観である。

社会は各人の人格性を相互に尊重するという道徳的価値規範の共有によって成り立っているのであり，法や種々の社会規範はそれが目に見える形をとって現れたものである。もし道徳性の尊重（人格崇拝）という裏づけがなければ，我々は互いに連帯して一つの社会を作ることなどできず，そもそも個人主義が前提とするような個々の契約すら結ぶことができない，というのがデュルケーム社会学の基礎である。

(2) 予見―予防―警戒

エヴァルドに話を戻すならば，今日の社会は近代福祉国家的な「保険としての社会」とはやや異なった様相を呈している。

第 1 節　リスク対応のパラダイム

　19世紀までの初期の「責任のパラダイム」は，19世紀末から 20 世紀に移行する際に「連帯のパラダイム」に置き換えられた。これは不確実性に対する態度としては「予見」(prévoyance) から「予防」(prévention) への変化と捉えることができる。

　予見はリスク分類における「伝統的リスク」に対応し，予防は「産業‒福祉国家的リスク」に対応する。予見のパラダイムは，特定職業・身分に関わる自己責任的注意であり，個人が自らの予見によって用心し備えるものである。

　予防のパラダイムは，伝染病や労働災害などのリスクを社会全体でカバーしようとするものであり，因果関係を特定して損害を最小限に抑えようとする。古典的伝染病の予防注射に典型的に見られるような，災厄と予防法とが 1 対 1 に対応した予防のシステムである。このタイプの社会的保険が機能するのは，リスクの類型が一定の予測可能な範囲に収まっている場合である。

　「産業‒福祉国家的リスク」の多くはこのタイプの危険であり，多くの人間を大きな保護の網でカバーすることが可能であった。標準的人間が，ある特定の（しかし標準的な）災厄を被るケースを，（標準的に）想定できた社会の保険である。例えば年金制度は，標準的勤労者の標準家族が人口の中核部分である内は問題なく機能するが，もはや「標準」ということが語りにくくなってしまった社会では破綻せざるをえない。

　現代社会で重要視されているものは「予防」ではなく，むしろ「警戒・用心」(précaution) と呼ぶべきものである。「予防」と「警

第4章　分割できない社会

戒」の言葉の上での区別は紛らわしく，この呼び名にこだわる必要はないが，それが指し示している区別は明瞭である。

不確実性を処理するための三つの形式の中で，特に「警戒」がクローズアップされねばならない理由は，今日の一般的リスク論と同様に，損害の深刻さと補償不能性ならびに科学的確実性のゆらぎに求められている。因果関係を特定することによってその損害を最小限に抑え保障・補償するというやりかたではなく，あらゆる潜在的危険性を洗い出し，それらをあらかじめ排除するのが「警戒」である。リスクの類型としては「新しいリスク」に対応している。

もちろん予防と警戒の境界はそれほどはっきりとしたものではないし，警戒優先の社会でも予防が有効な領域は存在する。しかし一般に予防よりも警戒が重視されるのは，環境汚染や遺伝子組み換えなどに代表される新しいリスクが，従来の因果予測や責任帰属を無効化するものだからである。

(3) リスク・フォビア

このタイプの「警戒」が分かりやすい形で現れているのは，疾病検診や「監査社会」であろう。現代人は「ガン」や「生活習慣病」に罹ってから病院に行くのではなく，そうなる前に，あらかじめ危険因子を検出し，人間ドックや精密検査によって潜在的危険因子を発見し，それらを警戒し続けるように促される。

「監査社会」というのはマイケル・パワー（M. Power）の同名の著作に由来するものであるが，主に会計監査の世界を例にとって，法人，公共部門，医療，教育等のあらゆる社会領域が絶えざるチェッ

クにさらされている様子を描き出したものである。

　警戒のパラダイムが支配する社会では，災厄が顕在化してしまってからでは遅すぎるという精神に基づいて，あらゆる危険の可能性を前もってチェックし，常にそれをモニターし続けることでリスクに対処しようとする。息苦しさを感じる社会であるが，しかし，原因が特定しにくく，しかも起こってしまってからでは取り返しのつかないリスクを抱えた社会としては，「ガン」も「テロ」も経営破綻も，警戒心を怠らずに見張り続けられねばならない。

　産業社会においては，「連帯」の思想が我々を「リスク愛好者」にしたが，今や「リスク・フォビア」（リスク恐怖症）になっているとエヴァルドは述べている。「リスク愛好者」というのは変な言いかたがだが，ハッキングが指摘したような意味で社会によって「手なずけられたリスク」は，むしろリスクを意識することで国民全体が守られ，市民生活の安寧が想定されるから，リスクは怖いものであるよりも，保障を喚起する素材となっている。

　それに比べると「警戒のパラダイムは」は独特の恐ろしさを伴っている。いつ何がどのように起こるか分からず，しかも破滅的結果をもたらすとしたら，リスクは不安と危険の同伴者であり，可能な限り遠ざけておきたいのであるが，そう思えば思うほど，いつもリスクを意識していなければならない。それゆえにリスク恐怖症なのである。

　後述する「監視社会」のリスク観は，このタイプの警戒原則に則した監視システムを張り巡らせつつある。

第4章 分割できない社会

第2節　連帯の喪失

(1) グローバル化と連帯

　リスクによる不安定性を何らかのしかたで安定化させる装置を発展させるという意味では，連帯の時代としての福祉国家の時代も今も，「リスク社会」であることに変わりはない。しかし今日，保険制度は新しいリスクの前でさまざまな限界に直面しつつあり，保障の最終的審級であり，また連帯の可視的表現でもあった「国家」は，その保険可能性の限界を露呈している。それゆえ，「飼いならした」リスクとは異なる「新しいリスク」にさらされるという意味で，改めて「リスク社会」という呼称が用いられるのである。

　そのような情勢に鑑みて，たとえばピエール・ロザンヴァロン（P. Rosanvallon）のような思想家は，グローバル化の負の効果に抗議しつつ，『連帯の新たなる哲学』（1995年）で国民的連帯の再興を主張している。その説には学ぶべき点も多いが，このような再国民化の思想とベック的な脱領域化（国民国家の限界）の対比が，近年のグローバル化に伴う連帯問題の軸を形成しているように思われる。

　ロザンヴァロンやベックのお膝元であるEUは言うに及ばず，あらゆる国民国家がグローバル化の中でこの問題に突き当たっている。これは普遍性と個別性・特殊性に関わる本質的問題であるが，近代国民国家においては，普遍性を国家が代表し，国民はその中に個別性として包摂されていた。「国際的」問題は国内的普遍性の外の出来事であり，一般的市民が日常的に対面せねばならぬ問題では

第 2 節　連帯の喪失

なかった。

　グローバル化はその図式の転換を迫っている。今や普通の市民がグローバルな政治・経済の直接的影響下にあり，国民国家＝福祉国家という媒介項なしに世界と向き合わねばならない。ここでは普遍性（グローバル・スタンダード）と個別性・特殊性（個人，組織，地方そして国家）の境界線の引き直しが求められており，〈個人と社会〉も新しいしかたで再規定されなければならない。

(2) 一つの社会

　今や個人（人間）の（統計学的）平等性と〈分割できない社会〉という理念が失われつつあり，連帯の思想は危機に瀕しているという時代診断がある。"同じ人間同士が作る一つの社会に生きている"という実感を我々はもはや喪失しつつあるのかも知れない。そしてネオリベラリズムが台頭する。これを〈連帯の喪失〉と呼んでも決して大袈裟ではないだろう。そして，「喪失」は，単に否定的意味でのみ用いられるのではない。そこには，さまざまな要素の複雑な関わり合いが存在する。

　人口を二つに分割する「格差社会」のなりゆきはどのようなものとなるだろうか。それが固定化すれば「中世」に舞い戻ってしまうのかも知れない。高価で安全なゲイテッド・コミュニティに住む人々と，そこから排除された人々とは"同じ"社会を構成しているとは考えなくなる可能性もある。やがてそれは"同じ"人間同士とは思えない人々の集団を形作ってゆくかも知れない。まだ多くの

第4章　分割できない社会

人々はそのような世界を忌避しているように見えるが，それでいいと思い始めている人々もいるのではないか。バウマン的なペシミズムも分かる。

それゆえポスト近代は難しい時代である。近代のどこを継承し，どこを批判して近代とは異なった社会になろうとするかによって，近代社会が獲得した成果をご破算にしてしまうこともありうる。

これは先にも論じた公共性論の行き詰まりにも現れている。そもそも，公的意識が成り立つためには，公共性の基礎となるべき生活基盤と生活感の共有がなければならぬが，グローバル化とともにネオリベラル化する格差社会では，そういうものが消えつつある。生活感の共有なしに「公」的意識を共有するには，よほど強力な規範意識が存在しなければならないが，現代社会にそのような規範意識を期待することは難しい。

はたして我々は，「公共性」を共有できるような"一つの"社会に住んでいるのだろうか。もし今の社会が，皆が共同で営む一つの社会であることをやめ始めているとしたら，「公共性」が見えなくなる可能性は高い。

「リスク社会」という新しい状況において，個人化するリスクを軽減し不安を解消するために，「新たな公共性」のようなものに向けて社会を再編成する必要性を説くこともできるのだが，その前提となるべき生活基盤の共有と社会的紐帯は，グローバル化の中で切り崩されつつある。

グローバル化によって，経済的にも文化的にも世界的な広がりの

中で生活する我々は，国家や地域社会が持っていた社会的資本を薄められて，いわば"アメリカン・コーヒー"化した，社会性の希薄な世界に住んでいるということだろうか。確かにそういう面はある。

しかし実際には，薄められているのではなく分割され始めているのだと見るべきであろう。薄められたように見える社会性は，一方では冷徹なグローバル・スタンダードによって一元化され，他方では格差と自己責任の論理が貫徹することで，"皆で共に営む一つの社会"を構想することが困難になっている。

監視社会

第5章

第1節　監視と主体化

(1) 新しい監視

　〈連帯の喪失〉という観点から福祉国家の危機を再考するとき，そこにおいて「監視社会」という「統治のテクノロジー」の果たす役割が見えてくる。ポスト福祉国家における監視は，リスクの回避と軽減という文脈において捉えられるが，重要なのは，そこで使用される監視のテクノロジーである。

　監視によってリスクを予防し警戒しようとする統治（ガヴァナンス）の新しい形体が浸透しつつあるが，近年になって新しく発展させられつつあるのは，個々人をさまざまなリスク・ファクターに分解しリスク要因の結合に置き換えるという戦略である。

　ロベール・カステル（R. Castel）によれば，それは，予想されるリスクを引き起こす諸要因をピックアップし，これと照合する形で全人口をハイリスク集団に絞り込むというテクノロジーである。医療分野を始めとして，同様の方策がテロ対策や組織管理，犯罪予防

第5章　監視社会

など色々な社会領域に適用されている。

　医療分野では「メタボリック・シンドローム」などがその典型である。それほど確たる根拠があるとは思えないにもかかわらず，漠然とした「不安」が浸透し，そこに「管理」の思想が入る。そのとき，我々全員が潜在的に監視の対象となり，そのなかで一定の基準に合致した人々がハイリスク集団として，更なる監視の対象となる。あるいは，「治療」や医学的アドバイスを受けるという義務に服することになる。

　ただ，これは統治する側が一方的に強いているのではなく，国民の側にそのような監視を歓迎し，統治を受け入れる用意があることもまた重要である。医療費を抑制し「国民の健康を願う」（？）という統治する側の意図は，どこに思いがけないリスクがあるか分からないという，統治される側の不安と共鳴しあう。

　このような政策が「新しい監視」（new mode of surveillance）を普及させている。フーコーの分析にあるような古典的な「規律訓練」のテクノロジーとは違って，新しい監視においては監視する者とされる者との対面は必要とされない。

　フーコーが『監獄の誕生』（1975年）などで取り上げた「監視」というテーマは，現在の監視社会にもその形を変えて引き継がれている。ただし，その構造は異なっている。そこには，「近代」という社会の監視と，ポスト近代的社会における監視との違いが存在する。

　『監獄の誕生』に代表される「規律訓練型」の権力は，「パノプテ

ィコン」(panopticon：一望監視施設＝中心から全体を見渡し監視するという構造を備えた施設) と呼ばれる監視施設において人間の内面を作り上げる（作り変える）ことを目的としている。中央の監視塔の周りに，それを取り囲む形で配置された囚人達の独房群（日本ならば，「旧網走監獄」として保存されている）に典型的に現れたこの監視施設の思想は，絶えざる監視によって人間を作るという思想である。

囚人達は（建物の構造上，自分からは見えない）看守の眼に常にさらされるがゆえに，長い拘束期間を経て，やがて看守の眼を内面化し，自ら規則に従う人間に作り変えられるというものである。近代の"矯正"監獄が，罪人に罰としての苦痛を与えるためのものではなく，「罪を憎んで人を憎まず」人間として更正させることを目的としていた点にその特徴が現れている。

この形式は，近代社会の成立とともに作られた多くの施設・制度が共通して持っている構造である。まさしく「中心と頂点」のある社会を眼に見える形で体現した施設であって，学校，軍隊，監獄，各種矯正施設等々，人間を作り，教育し，強制，監視するための多くの施設に応用された。

(2) 主体化

フーコーは人間が「主体」になるということの内に，権力に「従属」する契機を見いだし，主体化は従属によって可能になるという視点で監視の問題を考えた。主体 (subject, sujet) という言葉は「臣下」(＝服従している) という意味をも持っている。人は（自分を超

えた何か）に従属することで自律的主体になるという考え方である。

その「何か」は「神」であることも「王」であることもできるが，近代社会ではそこに「社会」が挿入され，それを代弁する看守や教師や医者や上官，上司などが直接的な従属の対象となる。

したがって，近代的な個人（自律的主体）は決して自分ひとりで主体になったのではなく，パノプティコンに代表される規律と監視の構造を内面化することによって，規範（＝社会）に従属することで主体として完成したのである。フーコーの問題関心を要約すればそういうことになるだろう。

ただし，人間を「教育」する学校や，「矯正」する監獄の背景には，近代産業社会の隠された意図があることも見落としてはならない。表向きは「人間主義」（ヒューマニズム）であり，実際に人間愛や人格尊重もあるのだが，その背後には，優秀な労働力の確保という冷徹な社会的要請が存在する。

優秀な労働者と有能な兵隊を作る施設として，パノプティコンは効率的な監視施設だったのであり，「不良品」（犯罪者，病人）を一箇所に集めて矯正し，改めて労働市場に送り返す施設としても有効だった。フーコーもその点に触れているが，これが近代産業社会の要請であったことは間違いない。つまり「人間主義」は社会的産物だったということになる。

それゆえ「規律訓練型」の権力は，人の内面を作ることによって社会を統制するというテクノロジーを行使する。パノプティコンの

第 1 節　監視と主体化

> **＊世俗内禁欲と規律訓練**
>
> 　ここで，パノプティコンの規律訓練とウェーバーの『プロテスタンティズムの倫理と資本主義の精神』との類似性に気づかねばならない。ウェーバーが近代資本主義精神の担い手と見た新教徒達（ピューリタン）は，カルヴァンの「予定説」に立って，神の眼を内面化し自己監視的に自らの行為をチェックし続ける，勤勉に努力する禁欲的主体—宗教的禁欲と同様の禁欲を世俗の社会的活動でも実践する「世俗内禁欲」の主体—であった。
>
> 　フーコーも自らの研究とウェーバーの「禁欲」との関係について，若干のコメントはしているが，この点についてきちんと言及されてはいない。しかし，ウェーバーの「世俗内禁欲」と同じ現象を，フーコーがパノプティコンの構造から説明している点は確認しておくべきだろう。
>
> 　出版された時代に70年もの開きはあるが，『プロテスタンティズムの倫理と資本主義の精神』と『監獄の誕生』は，近代産業社会を生んだ自己抑圧的・禁欲的主体がいかにして形成されたのかを問う二種類の重要な視点を提供している。リースマンは近代人の自己監視的性格を「内部指向型」と名づけたが，ウェーバーとフーコーは，それがいかにして形成されたのかを理解するためのよい手立てとなっている。

構造は，実は個人のアイデンティティと同じ構造をしている。自分の中に自己の中核が存在し，それがさまざまな「何々としての自分」をコントロールする。そのような，一望監視施設を自分自身の中に持つ人が，自己コントロールができて社会規範に従順であるような自律的個人主体となりえた。

　このようにしていったん人間を中身からきちんと作ってしまえば，その後は，彼らを監視し続ける必要は少ない。ちゃんとした人間だからである。仕事中はサボらず，義務を果たし，自ら高い目標

にむけて禁欲的に努力する。まさにウェーバーが『プロテスタンティズムの倫理と資本主義の精神』(1904-1905年)で描いた，勤勉かつ禁欲的なピューリタンの「世俗内禁欲*」と同質の精神構造がある。ところが，現代社会ではそうはゆかない。そういうシステムがうまく機能する時代は過ぎ去った。

第2節　監視と統治

(1) データとモニター

「新しい監視」の目的は具体的な危険や逸脱と対峙することではなく，危険発生の可能性を前もって処理することにある。因果関係を設定した1対1の予防策や，時間をかけて人間や組織を作ろうとすることでもない。新しい監視はネオリベラリズムに適合したテクノロジーであり，「もはや規律訓練に取り憑かれた思考ではなく，効率性に取り憑かれた思考様式なのである」(Castel, 1991, p. 295)。

監視の形式もパノプティコン型の中心から全体を見渡すものではない。「シノプティコン」(synopticon) とも呼ばれる新しい監視の形は，一つの中心から全体を監視するのではなく，ひとりの人間を周囲全体が監視する，あるいは相互監視する形をとる。監視カメラはそのもっとも分かりやすい装置であるが，クレジット・カードの購入記録やWebの検索歴，疾病の罹患歴などあらゆる個人データがその対象となる。

ポストモダニズムの思想と情報化とを合わせて論じた『情報様式論』(1990年)で知られるマーク・ポスター (M. Poster) は，このような情報化された監視機構を「スーパー・パノプティコン」とも呼

第 2 節　監視と統治

んでいる。

　だが，もはや人はその内面を云々されるのではなく，外面的行動とデータがモニターされるだけである。「複雑化し価値観が多様化した」社会においては，もはや，人がどのような意図を持ち，何を考えているかを推し量ることには限界がある。それよりも，具体的な行動とデータをモニターし，リスク要因として引っかかりのあるものだけに注目するほうが効率的であり実効性も高いという判断である。

　『監視社会』（2001 年）でライアンは，より一般的な現代社会論として，「監視社会」のありようを次のように整理している。人を対象とする監視に焦点を当てて考えるならば，新しい監視が遂行する監視システムは，人々をカテゴリー化し，何らかの特性を共有するものとして人間集団内の一区分に分類・分割する。監視が興味を抱くのは，そのような断片化されたデータの集積だけである。

　先に述べたラウのリスク類型と関連させるならば，新しい監視は「警戒」型のリスク処理に対応する。きちんとした予測が難しく，因果連関を明確化できないだけでなく，いったん発生してしまったら取り返しのつかない災厄をもたらすリスクは，細心の注意を払って前もってその芽を摘まねばならない。

　何かが起こってから補償するのではなく，また，発生が予想されるリスクに応じた個別的予防をするのでもなく，およそ考えられるあらゆる潜在的リスク要因を全て洗い出し，危険因子を前もって潰しておかねばならない。

第5章 監視社会

　監視カメラや人間ドックはその典型であるが，監視カメラと呼ぶよりは「防犯」カメラと呼び，「モニター」と呼ぶ。人間ドックは強制されるのではなく，自ら進んで受診する。つまり，人々は一方的に監視されるのではなく，しばしば好んで監視されるのであり，また相互に監視しあうことによって「安全・安心」社会に住んでいることを確認するのである。

(2) 内面を回避した統治

　このようなリスク管理システムは，逸脱についての主体的・道徳的行為を確率に変換してしまう。生身の人間や行為する主体の概念は取り払われている。逸脱による社会的損失はリスク管理のテクノロジーによって平均化され，防止されるべき偶然性として処理される。「信念とか熟慮を経た行為よりも，行動の方がはるかにモニターしやすい」のである（Lyon, 2001, p. 18）。

　他者の内面を推し量ることは難しいが，現れた行動は管理しやすい。標準的人間や基準を想定しにくい社会では，これが社会統治の効率的手段となる。ここでは，犯罪の原因ではなく，その徴候が監視の主な対象となる。現代の監視は，道徳や正義といった何らかの共有された規準に基礎を置くのではなく，それらを迂回して進み，生活状況を道徳面での吟味から切り離す役割を果たす。

　人がそれぞれに多様性を有しており，社会的現実と個人の行動が可変的で流動的であることを与件とするならば，テロや犯罪，パンデミックのような社会的リスクも，ガンや生活習慣病のような個人のリスクも，大きな監視の網を掛けた上で，データの集積から確率論的に判定するほうが効率的であるとみなされるようになる。

それゆえこのタイプの監視においては，我々が内心において良識ある市民であるかどうかはあまり重要ではなく，過去の行動履歴においても現実の行動においても，基準値を外れたデータを保持していないことが重要になる。

　パノプティコン型の監視によって形成された主体的人間であるかどうかは，どうでもよいことになってしまう。それを可能にした要因の一つはコンピュータというツールではあるが，ポスト近代型の情報化された消費社会の成立によって，標準化された人間類型が意味を持たなくなったことがその基礎にあることは言うまでもない。

　こうして〈リスクと監視と個人化〉がつながる。リスク社会は単純な因果関係や結果予測がしにくい社会であるがゆえに，絶えざる監視を必要とする。また，個人の価値観や感性が多様化した社会では，個々人の内面を推し量ることは困難となり，人間に規範を埋め込み精神を移植することで社会秩序を維持するよりは，個別的行動をモニターし続けることによって逸脱を規制するほうが効率的になる。同時に，個人化されたリスクの前で不安を抱える諸個人は，自ら進んで監視に身を委ね，相互監視的にリスク回避に向かおうとする。

　もちろん，このタイプの監視が自己保全とプライヴァシー追求の逆説的産物であることもまた確かであり，その基盤には社会的不平等がある。監視社会をより有効に利用できるのは，守るべき多くのものを持ち，監視のデバイスにアクセスするチャンスと財力に恵まれた者達だからである。

生権力と統治性

第6章

第1節　統治のテクノロジー

　規範による統制から外面的行動のモニターへの移行は，道徳と規範を迂回したガヴァナンス（統治）としてある。ニコラス・ローズ（N. Rose）の表現を用いるなら，現代は変異（variation）が規範となった時代であり，アルコール中毒や各種の嗜癖さえも，モラルとしての重みにおいではなく，すなわち逸脱的パーソナリティとして糾弾の対象となるのではなく，単なるエラーとして理解される。

　問題があれば，そのつどカウンセラーや専門家の助言に自らを委ねればよいことになる。　ワイドショー的には人間性を糾弾する劇場が展開されるが，それを煽っている側も，内心では，実は大したことではないと思っている。うがった見方をするならば，実質をなくした「倫理・道徳」が，ここぞとばかりに空虚な巻き返しをはかろうとするお祭りのようでもある。それは，都合のよいときにだけ繰り出される"道徳カード"であって，決して身についたものではない。

第6章　生権力と統治性

　正常が規範であった近代社会に対して，今日の社会は変異すること，差異を生み出し続けること＝差異化が主導原理となっているという時代診断である。そこでは，かつては逸脱として処理され，処罰や矯正の対象となったものが，個人の罪や社会化の欠陥によるものではなく，その場かぎりのエラーや偶然とみなされる。したがって，そうならないように注意すればよいことになる。問題は人間の内面に関わることではなくなる。

　今や我々は，フレキシブルであること，自分自身を向上させること，そして絶えず自身をモニターするというリスク・マネジメントを求められるのであり，これが「自己を統治するための新しいテクノロジー」となったとローズは言う。

　ここで我々はフーコーの統治性概念に触れておかねばならない。エヴァルドの「保険社会論」とカステルやライアンの「監視社会論」に共通して流れているのは，統治の本質を問う，フーコーの「統治性」（gouvernementalité）というテーマだからである。統治は，他者による支配だけでなく，自己自身による自己管理も意味するから，前者は生政治と福祉国家のテーマに，後者は規律権力とアイデンティティの問題につながってゆく。

　統治性論を通して，〈道徳の迂回〉と〈連帯の喪失〉はより明確化されるであろう。そしてそれは後に述べるように，ルーマンの「システム分化」と思わぬところで交差しあう概念でもある。

第2節　生権力／生政治

　フーコーは『監獄の誕生』においてパノプティコンと「服従する主体」について論じたが，近年のリスク社会論との関わりでは，『知への意志』(1976年) 以降の「生権力」(bio-pouvoir) が重要視されている。

　人間の全てを政治の対象として取り込んでゆく権力が「生権力」として概念化されている。これは身体に加えられるパノプティコン的な「規律権力」と，「人口／住民」を対象とする「生の政治」＝「生政治」(bio-politique) との重なりからなる。

　規律権力は，教育や「理想の監獄」がそうであったように，個人の身体を対象として監視し，規律という型の権力を用い，これを通して従順な身体と道徳的主体を形成しようとする。それに対して「生政治」は社会の構成員をよりよく「生かす」ことを課題としている。ここでは統治の対象となるのは個々人ではなく，「人口／住民」全体であり，社会全体に統治の焦点が定められている。

　規律権力と生権力の概念的境界は必ずしも明瞭ではないが，ここでは，生権力は規律権力をその内に含み，それに生政治が重ねられたものとして捉えておきたい。生権力は，規律権力の行使する「規律訓練のテクノロジー」と，生政治が用いる「人口管理のテクノロジー」を共に含んだ概念としてある。

　生政治は国民の健康を気遣い，国民の不幸を憂い，国民全体が安寧であることを目指そうとする。もちろん，そこには隠された大きな意図がある。国民こそが国の力であり，人口増大と労働力の確保

こそが，近代国家の「富国強兵」を支えた。

そのために，生権力は国民の健康に介入して「健康診断」を推進し，（それが「徴兵検査」と異なるものではないにもかかわらず）国民にとっても「ありがたい」健康チェックの機会となる。それだけではない。人口統計を取って，「出生」「婚姻」「死亡」などのデータを整備する。これは住民全体を管理し，国家の基盤を把握するための基礎資料である。言うまでもなく，それは国民全体の福祉と安寧を願う「福祉国家」でもある。

このようにして，近代国家においては，一方ではパノプティコン的な「規律訓練のテクノロジー」によって規範の内面化と従順な主体の産出が行われ，もう一方では「生政治」の「人口管理のテクノロジー」によって，国民全体の国家的管理が遂行された。規律訓練と人口管理という，これら二つのテクノロジーが重層的に重なり合い，福祉国家型の生権力が機能していた。

「身体の隷属化と住民の管理を手に入れるための多様かつ多数の技術が爆発的に出現し」，生権力の時代が始まったのである。「規律の側には，軍隊や学校といった制度があり…，人口調整の側には人口統計学があり…」(Foucault, 1976, p. 184)。

第3節　新たな統治

近代社会は，生権力において用いられる生政治の人口管理のテクノロジーを用いると同時に，規律訓練のテクノロジーを併用しながら，国民全体が社会規範を内面化しつつ福祉国家的な連帯を形成す

ることで成り立っていた福祉国家システムである。だが，リスク社会化とともに，カステル的意味での規律訓練なき監視を伴った新たな統治が生み出されつつある。これは，福祉国家的テクノロジーの延長上に新しい統治のテクノロジーが形成されているということでもあり，そのことがネオリベラリズムの政治的要請と重なる。

　監視社会で使用されるリスク予防のテクノロジーは，従来型の規律と連帯の基盤を掘り崩しつつある。パノプティコン型の監視においては，規範の内面化によって行為を内側から抑制（禁止）する体制がとられ，道徳と規範によるガヴァナンスによって行為者の意図が規制されていた。そして，そのような規範の浸透が生政治の福祉国家的監視＝行政管理によって維持されていた。

　だが「新しい監視」の世界では，行為主体の意図ではなくモニター可能な行動だけが問題とされ，道徳性や規範性とは直接には関わりなく，事前にリスク要因を排除することが目指される。外的行動のモニターによってリスク・ファクターの排除が図られ，道徳と規範を迂回したガヴァナンスに置き換えられる。

　細分化されたリスクの中で，個々人はさまざまなリスク・ファクターの配置によって分類され，それぞれに異なった差異的存在として現れる。その意味ではまさしく「個人化」が貫徹しているのであるが，しかし同じ一つの社会に属するという連帯の思想は掘り崩され，"皆で一つの社会を作り，皆で皆を守る"という意識は希薄化してゆく。

　ここに「規律訓練」のテクノロジーと「人口管理」のテクノロジ

第6章 生権力と統治性

ーの乖離,ならびに後者の飛躍的発展を見ることもできるが,正確には,前者は有効性を減じつつあり,後者は変質しつつあると言うべきであろう。

規範の内面化による人作りをやめ始めた社会には,規律訓練型のテクノロジーは馴染まず,それゆえに,現代社会は教育現場に大きな皺寄せが生じている。したがって,規律訓練型の人間教育は行き詰りつつあると言えるが,人口管理のテクノロジーもまた,大きく変質している。

ドゥルーズが指摘しているように,今日の社会はもはやフーコー的意味での規律社会ではなく,新しいタイプの「管理社会」であるとして批判されることはあるが,リスク社会のポスト福祉国家論,監視社会論,グローバル化とネオリベラリズム批判に共通して流れる問題意識は,フーコー的な統治性論である。

確かに,「規律権力」が現代には当てはまらないという批判はあるていど妥当だが,「生権力」論を展開し始めていたフーコーは,むしろ現代の管理社会論を先取りしていたと言うべきであろう。いずれにせよ,現代社会においては,福祉国家的な規律と連帯を基礎としない,規律訓練なき監視を伴った新たな統治が生み出され,新しい形の管理社会が形成されつつある。

近代型の生政治では,全住民(国民)を一つのまとまり(=社会)として把握していた。前にも述べた近代統計学の思想はそのようなものであった。したがって,全人口を統計的に把握し,そこでの逸脱や特異性に注目することが,全体としての人口分布を維持・向上

させてゆく手立てであった。

　しかしながら，現代の個人化しつつある社会は，そのような全体的な特性把握を無効化しつつある。個人はそれぞれに異なっており，家族もそれぞれに特徴的である。かつてのような類型化や標準化では対応できない個別的・差異的問題が顕在化しつつある。リストラも家庭問題も，病気も老後も，それぞれがそれぞれに違う。そのようなバリエーションを可能している社会において，近代型の人口管理のテクノロジーは限界を露わにしており，それゆえに，そのような統計的予測に基づいて形成されてきた年金や保険のシステムは破綻の危機に瀕している。

　だから「新しい監視」にもそれなりの「理」がある。監視は単にうるさいだけのものではなく，近代社会が大きく変質してポスト近代化してゆく過程で，生権力の変容として生み出されてきた必要悪だと考えることもできる。

個人の意識と社会のシステム

第7章

第1節　人間と社会

(1) フーコーとルーマンの交差

　フーコーの影響下にある現代のリスク社会論と監視社会論が提示した〈連帯と道徳〉に関する議論は，実は，個人と社会の分離を示唆する理論構成となっている。これはルーマンのシステム理論と類似した理論構成である。

　現代のリスク社会＝ポスト福祉国家においては，"社会は分割できない"という連帯の理念がネオリベラリズムに席巻されてしまいつつあるが，フーコー派（フーコーの後継者達）が採用するアプローチによるリスク＝監視社会論は，もしこう言ってよければ，〈道徳規範の迂回〉と〈個人と社会の分離〉という論点においてルーマンと同一の問題意識を共有している。

　もちろん，現実に対して「批判」的であるかどうかという，理論構築の姿勢においては，両方の陣営は異なったスタンスに立っているし，権力の捉え方も大きく異なっている。ルーマンのシステム理論が，しばしば現実追認的だと批判されるのに対して，フーコーの

アプローチはもともと批判的なものである。監視や排除によって秩序が維持されている姿を分析するのだから当然である。だがここでは、そのような"政治的"スタンスではなく、両方の根底にある共通した社会観＝個人観を問題としたい。

　20世紀中盤を主導した社会学理論の典型であったタルコット・パーソンズ（T. Parsons）の理論においては、社会秩序は「共有価値」と、それを内面化した行為者によって維持される。共有価値の中核は、デュルケーム社会学に由来する社会的な道徳規範であり、行為する個人はウェーバーに由来する「目的合理的」に行為*する主体である。

　フーコー自身が説いた規律訓練型権力とパーソンズが構想した社会システムは、共に「道徳化」する社会に関する理論であったと言える。フーコーのように、規律を内面化した主体がいかにして形成されるのかを扱う理論にせよ、パーソンズのように、共有価値と行為主体とがいかに結びつけられるのかを問う理論にせよ、道徳規範が社会的なものの中核にあって、これが諸個人に共有されることで社会が成り立っているという問題設定自体は同じである。

　それに比べると現代社会は、近代社会が想定した個人と社会の結びつきを〈個人と社会の分離〉へと転換させつつあるように見える。ルーマンのシステム理論はこの方向にシフトした議論になっている。ベックが示唆するような意味での、個人と社会が「擬似的」存在として一組のユニットを形成しているように見える状況は、フーコーを継承した現代社会理論とルーマンとの交差という観点から

第1節　人間と社会

*目的合理的行為とコミュニケーション的行為

　目的合理的行為（zweckrationales Handeln）は，ウェーバーが立てた社会的行為の四類型（目的合理的・価値合理的・感情的・伝統的）の一つである。予測される結果を考慮して，特定の価値に従い，合理的に手段を選択し，目的を達成するという行為のありかたである——（価値合理的行為は結果についての考慮が欠けており，感情的行為は結果の考慮も価値も欠けている。その上に，更に目的も欠いているのが伝統的行為である）。

　目的合理的行為が，産業社会の発展と近代的意味での合理化の進展にとって欠かすことのできない行為モデルであったことは言うまでもない。それは，経済的合理性の追求と目標達成をもっぱら志向し，公共の福祉や人間的生活態度を犠牲にするという一面も持っていた。この点を批判して，言語によるコミュニケーションを介した相互理解を目指す行為類型として，ハバーマスは「コミュニケーション的行為」（kommunikatives Handeln）という概念を提示した。

　コミュニケーション的行為においては，利潤追求や目標達成よりも，行為者同士の相互理解が目指されており，生活上の問題が生じたときに，討議によって合意に達することができるのは，コミュニケーション的行為を通じてである，というのがハバーマスの構想である。

　コミュニケーション的行為のモデルでは，ある行為や手段選択などの判断の合理性は，諸個人間のコミュニケーションを通じて得られた「合意」によって担保されることになる。ここでは，個人はもはや合理性の直接的担い手としての資格を喪失しており，複数の人間の合意によって，いわば，集合的にしか合理性を判断できないという社会観に変化している。ハバーマスにおいては，そのような合意が存在すること（あるいはそれが目指されていること）そのものが"公共性がある"ということを意味している。

再考されねばならない。

(2)「人間」の終焉

　フーコーは、「人間の終焉」ということを宣言していた。「人間」という啓蒙主義的理念が、実は"発明"されたものであり、それ自体が近代的知のシステムの中で作られたものにすぎないことを暴露した。

　先にも触れたように、人間個人一般が大切な存在になるのは、個人（あるいは人口）が産業社会の生産力の基幹的要素となることによってである。アダム・スミス以来の近代経済学の重要命題が「労働価値説」であるように、富の主たる源泉は個々人の労働であり、身分や土地、村落共同体よりも個々の労働者としての人間が尊重されることは、産業社会にとって不可欠の条件であった。

　そこでは、個人が農村共同体から解き放たれて、自由意志でさまざまな職業を選択し、自分のために労働することがそのまま社会のために労働することと重なりえた。それ以前の社会では、個人よりも集団と土地と身分とが重要であり、富の源泉は土地にあり、土地の相続と運営は身分によって継承され、そのための経営上の制度として、家と共同体が維持された。

　ルネッサンスの人間復興から宗教改革、市民革命、産業革命という長い道のりがあるから、いつどこで「人間」が発明されたのかを明確に規定することはできないが、人間（人間主義：ヒューマニズム）という思想は「近代」と切り離すことができない。それゆえ

に,「人間」という価値と理想は，近代の「発明品」とみなされたのである。

「構造主義とポスト構造主義」についてのコラム (p. 40) でも述べたが，これは構造主義が遂行した脱人間主義と軌を一にするものであった。だが，構造主義の段階ではまだ個人は社会（構造）に従属する位置に留まっており，個人と社会が別個の存在だとまでは考えられていない。

フーコーにおいては，個人は社会によって鋳型に合わせて「作られる」のであり，パーソンズにおいても，個人は社会を内面化することで個人たりうるものである。どちらの場合にも，個人は社会と切り離して考えることができないものとなっている。

ところが，道徳を迂回する，連帯が消失しつつある現代社会では，もはや内面化された規範があるかどうか，どのていど道徳的であるか，といった事柄は重要性を減じざるをえない。行動はモニターされ検閲されるが，その行為者が頭の中で何を考え，どのような道徳観や信念に基づいて生きているのかという問いは二次的な問題となる。つまり，社会は諸個人が何を規準としているかによってではなく，外的に観察可能な個々人の振舞いによって成り立っているということになる。ここで，ポスト福祉国家論と監視社会論はルーマンの社会観と重なる。

(3) 個人と社会と人間

ルーマンも，フーコーとは違った言いかたでではあるが，価値まみれの「人間主義」を社会学の理論構成に持ち込むことを拒否して

第7章　個人の意識と社会のシステム

いた。「人間」というマジック・ワードは、社会システムが持つ独自の生成プロセスを曖昧化し、社会を人間によって説明するというカテゴリーの混同をもたらしているという主張である。

ルーマンによれば、ルネッサンス以来の人間主義（ヒューマニズム）が、人間が他の全ての存在者から区別される「主体」の論理に置き換えられ、その個人主体の中身として充填されたのが「自由」という「白紙小切手」であった。「意識の主体性テーゼ」「主体の人間学化」と呼ばれる思考法は、社会というものを「誰もが人間として備えている性質」に還元してしまうのである。だが、人間学的に把握された個人主体は、「底のない樽」のようなものである（Luhmann, 1981, S. 239, 243）。

個人主体はそれ自体の中で社会秩序を構成することを無理やり要請されており、これでは社会的なものを問う道が塞がれてしまっている。本来は、社会独特のメカニズムが解き明かさねばならないのに、社会を、人間という別のカテゴリーで無理やりに説明しようとしている。

社会が人間から成るという、人間主義の主体主義的思い込みが認識論的な障害となって、人間を社会システムから切り離して正しく位置づけることを阻んでおり、それが原因で、特殊社会学的な個人の概念が発展しなかったというのがルーマンの評価である。社会的なものを社会的なものによって説明するための論理として、ルーマンは独自の社会システム理論ならびにそれに対応した意識システムの理論を立てようとした。

第1節　人間と社会

　ルーマンが言うような意味での, 人間主義的な主体という概念装置が挿入されることによって, 社会は不適切な形で人間学化され, 同時に, 個人は人間主体という重荷を背負わされ, いやが上にも社会に責任を負う存在として社会と緊密に結ばれることになった。

　古典的社会学が取り結ぼうとした個人と社会の関係はそのようなものであったし, その後の社会学の発展は, 個人と社会の強調点の違いはあっても, 両者のバランスの上に形成されてきたと言える。人間主義的バイアスのかかった「個人」が, 社会との強い結びつきの下に置かれる。

　近代社会学の理論的営みは, 本来は構成原理が異なる二つの異なったカテゴリー（社会と個人あるいは人間）を, 同じ原理で結びつけようとする努力の結晶であったと言っても言いすぎではないだろう。もともと, デュルケームも個人と社会は異なったレベルにあると考えていたはずだが, そこを結ぶための理論的苦心に多くを費やしている。ウェーバーもまた, デュルケームとは違った形で, 個人と社会とを峻別することを求めた上で, 行為というものの社会的意味を探求した。パーソンズの社会学理論は, 結びつけの一つの美しい形として, 20世紀社会学を牽引した。

　社会を強調するか個人を強調するか, あるいは折衷的に〈個人（あるいは人間）が社会を作り, 社会が個人を作る〉という図式を採用するかの相違はあるが, 個人と社会を「価値」や「権力」などの同一原理の浸透で説明しようとすることは, 実は, 個人と社会の両方にとって不幸な単純化であったと言えよう。ルーマンはそう考え

第7章　個人の意識と社会のシステム

ているし，そこから学ぶべきことは多い。

第2節　システムと道徳

(1) 意識システムと社会システム

　社会は各人の個人的意識（思考，心情，意欲など）によってではなく，各人が外に向けて発したコミュニケーションの連鎖から成り立っている。思考や感覚の連鎖としての個人的意識のシステムをルーマンは「心的システム」（Psychische Systeme：本書では「意識システム」と呼ぶことにする）と名づけて，コミュニケーションのシステム＝「社会システム」（Soziale Systeme）と峻別している。

　各人の意識システムはそれぞれに一個の独立したシステムであるから，我々各人の意識システムは，共通の人間主義や目的合理的行為，善悪二元論で切れるほどシンプルではない。結果として，「私」が何を考え感じているかという内実とは区別されたものとして，外化されたコミュニケーションによって「社会」は成り立つことになる。

　個人の意識は独立した「閉じ」を形成しており，「私」の意識（内面）は誰にも見透かされることがなく，誰の意識も（テレパシーでもないかぎり）直接に私の意識に侵入することはできない。個人は，成長の過程で非自覚的に社会の影響を被って人格形成されたかも知れないが，独立した「自分」という意識が成立した後は，いかなる外的他者によっても犯されない自分の領域を確保している。それが破られるのはある形での精神の病においてであり，そういうこ

第2節 システムと道徳

とがないかぎり，我々は"自分"（自らの領分）を保持している。

いったん意識システムが形成されたならば，自分が他者によって影響されるのも自分というフィルターを通してであり，自分の意識が直接に他者の意識とつながることはない——「親密な」関係性においては，そのような思いが成り立つことはあるにしても。

他方，社会システムは個々人が他者との間でかわした種々のコミュニケーションによって成り立っている。ウェーバーからパーソンズに至る社会学の伝統においては，この外化されたコミュニケーションを「行為」(action) とみなし，行為のシステムとして社会を捉えていた。

しかし，行為という概念はやや狭く，情報化した社会ではコミュニケーションという概念のほうが一般性がある。「行為」の概念は，行為者の意図・動機が行為と直接につながっていると想定していた。

それは，〈動機と目標〉を持った行為が典型だとみなされ，また，そう考えることに現実性があった時代の行為概念である。それがウェーバーからパーソンズに受け継がれた行為論の視線であるが，現代人の高度化したコミュニケーション空間から見ると，ややシンプルで素朴である。

現代人にとっては，行為はそれほど明確な動機や目標によってコントロールされているものではなく，どちらかというと，状況と他者に応じて，状況主義的に選択された行動やコミュニケーションから成り立っていると見るほうが考えやすい。個人の社会的振舞い

は，内的動機や目標によってよりも（それがないわけではないが），むしろその場その場で状況に応じて展開してゆくことが多い。

つまり，ウェーバーやパーソンズが考えていたように，行為をリニアーな，動機と目標と行為が直線的かつ因果的につながったものと想定するよりは，もっとジグザグで，多くの選択肢の中から，それほどの必然性を伴わずに選ばれた行動やコミュニケーションから成り立っていると考えるほうが日常感覚に合っている。

実は，アーヴィン・ゴフマン（E. Goffman）のような社会学者は，早くにその点に気づいており，人の行為というものを目的と手段選択の単純な結果とはみなさず，状況と「観客」（行為の場に居合わせる人々）との関係から，いわば舞台の上の「演技」（パフォーマンス）として選択されるもの考えて，〈状況―観客―演技〉図式を提示していた。だが，そのような観点が評価されるのは，1960年代以降になってからである。

ルーマンは，ウェーバー以来の行為論においては，行為者によって思念された地平を超える地平を考察することができないとして，行為者の意図や動機よりも，外化されたコミュニケーションや行為の非任意性によって社会システムが成り立っていると考えている。

ルーマンは，行為に替えて「コミュニケーション」を社会システムの構成要素に据えた。行為もまたコミュニケーションの一つである。売買も暴力も，恋愛も通信も，無視も沈黙も愛もコミュニケーションである。

個々人の意識は曖昧であったり揺れ動いていたりするが，売り買いや契約や会談などの外化されたコミュニケーションは一定の安定

第2節　システムと道徳

した構造を持ち，特定のコミュニケーション・メディア（言語のみならず，貨幣，権力，真理，愛など）を用いて継続されてゆく。

そこには私の意のままにはならないが，同時に，誰かの気まぐれで急に壊れてしまうこともない安定したシステムが存在している。個々の行動やコミュニケーションは，ゴフマンが指摘したような意味での状況主義的な様相を持っているが，それは個人の側から自分の振舞いを見た場合であって，社会は気まぐれではない。

とりわけ，現代社会において複雑に分化した政治・経済・法・教育などの機能システムにおいては，個人の側の自由な選択を許すと同時に，他方で，一定の手続きや使用すべきメディア（貨幣はその典型である）が指定されており，（それ自体も変更される可能性が全くないとは言えないが）社会運営のための安定した枠組みとプロセスを提供している。

それが「社会」があるということであり，また個人とは別のシステムであるということの意味である。ルーマンの社会システム理論はそのような観点から理論構成されている。

(2) 道徳による統合の"断念"

そのような個々人の意識から独立した社会システムこそが，安定した秩序を可能にしている。だから，いちいち個人の道徳規範に戻して行為やコミュニケーションの意味を確認せねばならない社会は，むしろ不安定な（？）社会である。

道徳規範（あるいは共有価値）によって個人と社会，組織と組織などが媒介されているタイプの社会では，個人の意識と社会の価値・規範・理想との距離が"近い"がゆえに，よく言えば力動的で

まとまりがあるが，それゆえに個人は社会に従属させられているとも言える。その点では，フーコーが「主体＝従属」と考えたのは正しい。

デュルケームが有機的連帯を構想しえたのは，まだ機能的諸システムの自律化と諸個人の意識の差異化が現代ほどには進行していない時代においてである，と考えるべきではないだろうか。デュルケームとウェーバー，そしてパーソンズらの理論的位置は，現代社会と比べてまだその複雑性の程度が一段低く，一定の選択肢を，共通の基盤または目標に集約できると想定することが可能な位相にあったと言うべきであろう。

これは，近代人の性格構造であったアイデンティティ型の人間，リースマンなら内部指向型と呼ぶ人間の構造と類比させると分かりやすい。近代人のアイデンティティは，ウェーバーなら世俗内禁欲，フーコーならパノプティコンによって，またデュルケームの場合なら道徳的個人主義*によって説明されるだろう（パノプティコンについて p. 69 のコラムも参照）。そこには諸個人の内面性と規範に裏づけられた社会があり，その意味で個人と社会は結びつけられている。

ところで，個人主義についてのまとまった要約を残しているスティーブン・ルークス（S. M. Lukes）によれば，個人主義の概念は主として理性・個性・自律などの成分によって構成されるが，イデオロギーとしての個人主義は，強力な中間集団に対抗するエネルギー

第2節　システムと道徳

> **＊道徳的個人主義**
>
> 　道徳的個人主義とは，デュルケームが後期の研究で明確化した立場である。デュルケームは功利主義的個人主義に反対しつつ，それとは異質なもう一つの個人主義である，人間一般という観念を尊重する個人主義を支持している。だが，そのようなカント（I. Kant）やルソー（J.-J. Rousseau）の道徳主義が「孤立した個人」から演繹されることに異を唱えて，社会学的な道徳的個人主義という立場を示した。デュルケームは，個人主義は社会的産物であって，分業の進展の結果だと考えている。それゆえ，道徳的個人主義，即ち，「人間個人の崇拝は社会の産物である」とする視点に立つ。
>
> 　同時代のゲオルグ・ジンメル（G. Simmel）は，個人主義を二つの類型に分け，理性の保持者としての個人一般を尊重する個人主義（量的個人主義）と，ひとりひとりの個性を尊重する個人主義（質的個人主義）とを区別していた。前者は啓蒙主義と結びついた，人間的理性の尊重に由来する18世紀の個人主義であり，後者はロマン主義的な個性と人間性の実現を志向する19世紀の個人主義である。
>
> 　デュルケームも人格の聖性に基づく個人主義（ジンメルの量的個人主義に対応する）と，個性に力点を置く個人主義（ジンメルの質的個人主義に対応する）を区別しているが，道徳的個人主義は，前者を重視し，これによって後者も根拠づけるという形を取っている。個性の個人主義は，人格の個人主義によって支えられなければ，エゴイズムやアノミー（欲望の昂進）といった病理につながるのであり，それが近代人の典型的自殺を引き起こしていると見ている（『自殺論』）。

から力を得ていた。

　だが，中間集団が衰弱するにつれて個人主義もまた活力を弱めてゆき，20世紀の社会では，国家からの強制力や新しい中間集団か

第7章 個人の意識と社会のシステム

らの強制力が及んでこない限り,理性や個性の個人主義はそれ自身だけで再生産することが困難になり,「欲望の個人主義」が登場することになった。

作田啓一によれば,欲望の個人主義は,他者との差異の表現に重点を置くものであり,同時に管理社会の影の部分も表してはいるが,「自律という成分」を含まないことがかえって「ありのままの個人を導いてゆく条件」ともなる。ベックやバウマンとは異なった角度からであるが,個人化の社会的由来を説明する論理の一つとして,上述の諸研究とその軌を一にするものである。

しかし,分化した社会では「そのような規範はほとんど確認しがたい」。ルーマンは,今日のような複雑に機能分化した社会を道徳によって統合することは「断念」せねばならないと言う。「社会はコミュニケーションの包括的システムとして,善くも悪くもなく」,「モラルの包摂機能はある意味で空虚なものとなる」(Luhmann, 1990, S. 39)。

一方で個人的意識が差異化して価値観とライフスタイルが多様化し,他方で政治・経済・法・科学(学問)等の機能的なシステムがその自律性を高める社会においては,それらを「共有価値」や道徳でつなぐことは難しい。

だがそれらはバラバラではない。政治や経済や法や科学は,それぞれがお互いの働きを必要としている。政治・経済・法・知識などが宗教に包摂されていた前近代社会との対比で言えば,近代社会はこれらの領域が宗教から社会的に分化することで成立したが,そこ

では宗教に代わるものとして道徳規範や共有価値が挿入されていた。

　そのような形で統合されていた近代的社会観は，次第に中心のないネットワーク社会のイメージに取って代わられつつある。「中心と頂点」を必要としない社会を道徳で統合することは困難である。同様に，個人のレベルでも自分の中心（本当の自分，アイデンティティ）を構想することは困難である。

　もちろん，ルーマンにそのまま乗っかってしまうのもまたリスキーではある。この理論には（ルーマンの本意ではないにしても）現状を追認するだけだと誤解されるような要素も潜在しているからである。
　あるいは，ルーマンの想定外の事態として，新たな"道徳回帰"が到来するかも知れない。エコロジー・ブームがそうであるように，人間の行為と社会のありかた全体を統括しようとする原理主義的道徳観が台頭する可能性もある。ウェーバーの「プロテスタンティズム」に倣うなら，一つの時代の終わりが新たな宗教的・倫理的態度で乗り越えられることも充分に考えられるからである。

　とは言うものの，道徳と連帯の現状については，フーコーの影響を受けたリスク−保険社会論や監視社会論，さらにはバウマンなど，多くの理論家が実質的にはルーマンと同様の社会認識を採用しているのではないだろうか。違うとすれば，それにどう対処するかという姿勢に関わる部分であるが，どれも有効な処方箋を提示するには

至っていない。

　本書では，それを〈個人と社会を"切る"こと〉という観点から再考しようとしている。近代社会にあった，個人と社会の"近さ"（個人と社会を"結ぶ"こと）から離脱する方向に可能性を見いだしたい。その意味ではルーマンは理論的先駆者として評価されねばならないだろう。

"行為者とシステムは別れた"

第8章

第1節 社会的なものの純化

(1) 創発特性

今や個人と社会は別個に分化した，どちらも意味的に「閉じた」システムとしてある。つまり，個人と社会は"切れて"いる？。この考え方は決して突飛なものではない。ある意味で，デュルケームやウェーバーが近代の比較的初期に考えていたことの理論的帰結でもある。

デュルケームにおいて，社会的なものはその独特の存在様式によって，「社会的事実」として個人とは明確に区別される位相にあった。社会というのは個人を超えた存在であり，個々人を超えた「創発特性*」を持っており，個人をいくら集めても，それだけでは社会にならない。宗教，道徳，法規範などがその典型であり，複数の人間が集合することによって初めて生み出される集合的＝社会的なものである。

第 8 章 "行為者とシステムは別れた"

> **＊創発特性（emergent property）**
> 　創発特性とは，諸要素が集合することによって，元の要素には存在しなかった新たな高次の全体的特性が出現することを指す。例えば，デュルケームが論じた「分業」は，集団のレベルにおいて初めて創発してくる社会的特性であり，個人を超えた社会的事実である。
> 　『社会学と哲学』（1924 年）でのデュルケームの主張によれば，厳密に言えば，個人が意識に抱く観念もまた創発的なものである。ある観念は，脳内の個々の神経細胞に還元されることはなく，それらの集合によって新たに発した高次の表象だからである。しかし，一般に創発特性と言うときには，個人に対する社会の集合的特性という意味で用いられている。

　ウェーバーの場合には，当時のドイツ社会科学界の風潮を意識して，「社会」という概念を積極的に使用することは控え，社会と共同体という概念が国家主義や民族主義などの政治的イデオロギーに化すことを恐れたが，合理化の進展が人間にとって疎外的なものとして立ち現れるという予想があった。それが，「鉄の檻」という官僚制に対するイメージをもたらした。

　それでも，そのような「社会」が人間の社会でありえたのは，社会に対置されるものとしての（人間）主体という想定があったからではないのか。近代社会学は大なり小なり，このように想定された主体（内面化された規範に依拠しつつ社会を志向する主体的行為者—パーソンズはその理論図式の完成者である）を担保しながら，社会という，個人とは異質な存在の仕組みを明らかにすること，あるいは両者のバランスをとることに専念してきたはずである。

個人の自己（self）と社会との相互作用を主題としたジョージ・ハーバート・ミード（G. H. Mead）の〈I/me〉論もまた，社会と個人のバランスを社会的かつ個人的な自己の構成というレベルで理論構成した古典的業績である。自己は「主我」(I) と「客我」(me) に分けられるが，固有の内的力動性の源である "I" が，社会との相互作用の中で，社会的な役割の取得を通じて "me" という社会的な自我を構成してゆく。

(2) 現代人の自己意識

ところが，始めはパノプティコン的規律訓練や禁欲主義によって作られたにすぎなかった個人の意識が，次第に個人としての自己意識を明確化させ，自意識過剰とも見える強い自己意識を保持するようになった。そこに現代の個人がいる。

アイデンティティ型の内部指向タイプの個人も，同じように強い自意識を持っていたが，それは社会から移植された規範的ベクトルの保持であり，また，定められた目標や価値への寄与としての強さにすぎない。

それに比べると，現代人の自己意識は，ソフトであり多様で状況主義的に流動化しつつ，それゆえに，常に再帰的に自身を振り返り，自己をモニターし，自分自身を "編集" し続ける複雑性と差異化を特徴としている。そこには，多様な自己を自己たらしめている，どちらかと言うと，理性的であるよりは感性的な，求心性の強い自己意識が存在する。それをナルシシズムと呼ぶ人々もいる。

第8章 "行為者とシステムは別れた"

　バウマンが言うような意味での「流動化・流体化」(liquid) した社会では，社会も人間も流動化してソフトで可変的なものとなるが，それは決して社会も個人も曖昧になるということではなく，逆に，社会も個人も，差異化を可能にする独自の内的構造を有するようになったと見るべきであろう。

　グローバル化した流動性の激しい社会になって，国民国家や地域・家族などの境界が曖昧化することとは裏腹に，政治・経済・法・科学などの基本的システムそれ自体は明確な構成原理を崩すことがなく，むしろシステムの原理を貫徹させつつ，その中でのいっそうのフレキシビリティを可能にしている。

　個人もまた，情報化された消費社会の中で，状況に合わせて柔軟に差異化しているが，アイデンティティの曖昧化・流動化にもかかわらず，より強烈な自己意識とナルシシズムを保持し始めている。
　社会的なものを内面化することによる「強い自我」ではなく，自らの再帰的な自己意識によって複雑性を高めている。それゆえに，人はそれぞれに複雑で分かりにくく，人間を判断する際の類型や状況の"場合の数"は果てしなく無限に増大するが，それぞれの個人が明確に「私」を保持し，誰にも干渉されず自らを再生産し続けようとしている。

第2節　予定調和の終焉

(1) 自己言及的システム

ルーマン社会学系の用語を使うなら，個々人は（社会的な機能システム*と同様に）「自己言及」（「自己準拠」：self-reference）的な構造

> **＊機能システム**
>
> 　　近代社会は，特定機能を果たす機能システムが著しく機能分化した社会であり，経済・政治・法・科学（学問）・教育・宗教などの各機能領域は，全体社会の中で特定の作用を遂行している。これらの機能システムは独特のメディアを用いてシステム内のコミュニケーションを円滑に進行させている――（家族や"親密な関係"もまた，「愛」などの独自のメディアを用いている）。
>
> 　例えば経済システムは，「貨幣」という一般化されたメディアを用いて，財を巡る売買のコミュニケーションを遂行するシステムである。科学は，「真理」というメディアを媒体として作動するコミュニケーション・システムであり，法は〈合法か不法か〉を判定するシステムである。
>
> 　これらのシステムはその働きにおいて「閉じて」いる。そして同時に「開いて」いる。経済システムを例とすれば，それは，貨幣というメディアを用いた売買のコミュニケーションのみを遂行するという点で閉じたシステムであり，そこでは，政治の権力や，科学の真理がメディアとなることはない。
>
> 　だが，この閉じた経済システムは，利潤の追求や貨幣の獲得という独自の観点からのみ外界を捉えるので，その意味では，社会のあらゆる事象がその観点から観察・処理される。いわば，貨幣という平面で社会を切り取るのであり，その限りで社会に向けて開かれている。

を昂進させて内的複合性を高め，一定の再帰的な「閉じ」を再生産（自己産出：オートポイエシス）し続けていると言える。

　自分が自分であることの根拠が，社会にではなく，自分自身にあり（自己言及・自己準拠），自らの判断や選択の根拠もまた（他者や社会規範を勘案しながらも）自分自身にある。生育歴としては，個人は親兄弟や学校教育などの社会からの影響で形作られたかも知れないが，「私」として自律した個人は，自分自身のみを基準として判断を行おうとする。その程度を次第に高めつつあるのが現代人である。この観察は間違っていないはずである。すでに多くの研究者によって指摘されている事実でもある。

　もちろん，この事態は社会のシステムが自律したシステムとして機能していることと同時に生起している。個人と社会は，同じ程度に自律したシステムとなった。フランソワ・デュベ（F. Dubet）の言葉を用いるなら，"行為者とシステムは別れたのである"。行為者と制度は，もはやただ一つの論理に還元することはできないのであり，「個人の主観性とシステムの客観性は別れたのである」(Dubet, 1994, pp. 12f.)。ルーマンの社会システム理論も，同様の認識に立脚している。ベックなどは，まだそのような「閉じ」に対しては懐疑的であり，それゆえに「擬似的主体」と「ポスト社会的」な社会概念の対で論じようとしている。

(2) システムの自律化

　個人と社会を相互に独立したシステムと捉える社会理論は，しか

第2節　予定調和の終焉

し,「社会的なもの」という概念の純化を遂行する理論として見ることもできる。「人間」や「主体」に還元されてしまうことのない社会概念は,「社会的なもの」を「社会的なもの」によってのみ説明するという概念的純粋化をもたらす。

　経済法則や法の論理, 科学の合理性などは, ひとりひとりの人間の判断や意図を超えたものである。それらの諸領域が自己言及的なシステム化を高めたとき, それらシステムの論理は「人間」の論理としばしば対立する。人間性によって政治や経済や法などをコントロールしようとすることは, 逆にそれらの"中立的"機能を阻害することにもなる。システムの論理は, そのシステムに即した冷徹な合理性を持つからこそ, 誰にとっても利用可能で有効なものとなる。

　「善い人」には100円で売られる商品が,「悪い人」には200円であったり売られなかったりするのでは, 経済システムの機能は阻害される。法システムにおいても, 貧者であろうと富者であろうと, 同じ法の論理で裁かれねばならない。経済と道徳が分離することで経済システムはその効果を発揮し, 法と政治と経済は, それぞれに分離することによっておのおののシステムは機能的自律性を高める。

　ならば, 社会のシステムが動くがままに放置しておけばよいのか。近代人はそこに不安を感じ, それゆえに人間でコントロールしようとしたが, 現在の諸システムは, それぞれに独立性を高めているがために, それぞれのシステムが勝手に暴走することはできな

い。政治・経済・法・科学などのシステムは，それぞれが独自の課題を遂行しようとするから，一つのシステムが自分だけの論理で突出することはできない。

　もちろん暢気に構えておればよいというわけではない。ピエール・ブルデュー（P. Bourdieu）は挑発的著作『市場独裁主義批判』（1998年）において，新自由主義的な市場経済至上主義がグローバル化とともに世界を席巻しつつあることに警告を発していた。ブルデューのやや過激な反市場主義は，戦後の福祉国家の遺産に固執するものであるかのようにも見えるが，しかし，機能システムの独立性の認識という点ではむしろ優れている。
　経済システムが政治や科学のシステムを侵食せざるを得ない理由は，諸システムが機能的分担のバランスを崩すことに起因するのであり，経済システムのシステムとしての独自の志向性（全てを貨幣に換算すること）は，政治不信で相対的に力を弱めている政治システムを従属させようとしており，「金のかかる」科学システムを買収しようとしている。
　ここで我々が認識せねばならぬのは，諸システムの相互依存とアイデンティティ・ポリティクス（独自性の相互承認）であり，各システムが自己の自律性を積極的に維持しようとしない限りは，いつも他のシステムの拡張志向（貨幣や権力や科学的真理の力）に飲み込まれてしまう危険性が存在するということである。

(3) 個人の包摂
　言うまでもなく，個人はそれぞれのシステムに参加するのだが，

第2節　予定調和の終焉

その参加のしかたは分割的である。必要に応じて，経済や法，あるいは教育や医療のシステムに参入するのであり，決して"丸ごと"の自分がそこに包摂されるのではない。つまり，いかなる社会的システムや組織にも，部分的にしか自分を関係させていないのであり，自分全体を所轄するシステムは存在しない。

　デュルケームの『社会分業論』は，分業を通じて個人が社会に包摂されることを社会学的に論じた古典的名著であるが，ここでは，労働と職業集団に個人が丸ごと包摂されるかのような理論モデルが想定されている。恐らく，産業社会の形成期においてはその指摘は正しかっただろう。しかし，すでに「脱産業化」して労働と消費が分離し，消費のウェイトが重くなった社会では，このモデルは使えない。

　「家族」は，個人を丸ごと受け入れることのできる社会的集団だとも言われるが，ギデンズなどの「親密圏」（家族，恋人など）に関する理論に基づくならば，親密性すらも「獲得」すべき努力目標となっている。現代社会においては"自然に"，"永続する"親密な関係を当てにすることはできない。

　それにもかかわらず，人間存在を丸ごと受け入れてくれるものとして，親や配偶者，恋人を求めるのもまた現代人であるが，それが安定的なものでないことは，現代人の多くが知っている。とするならば，やはり，個人はどのような社会集団・社会システムにも部分的・一時的に関わるのであり，自分という存在の全体性は自分においてのみ保持されているということになろう。

　ルーマンのように「人間」という用語を慎重に排除し，「社会」

第8章 "行為者とシステムは別れた"

をコミュニケーションのシステムと規定して，その対極に個々人の意識システムを対置しつつ，社会的なもの（＝コミュニケーション）とそうでないものとを区別すれば，図式的には明快ではある。

ただ，社会理論の舞台から人間を引きずり下ろすのはまだ早過ぎるかも知れない。我々はまだそれに代わるボキャブラリーを獲得していないからである。エコロジーにしても，バイオテクノロジーにしても，まだ「人間」抜きに語れる段階には達していない。しかし，そこでの「人間」の位置が，以前よりもはるかに格下げされたものであることもまた確かである。

いずれにしても，道徳規範と価値と社会的役割が，個人との間に美しい予定調和を想定できた時代は終わったと言うべきだろう。"行為者とシステムは別れた"のである。

同種の指摘は，現代社会理論の多くに見出すことができる。ルーマンならば，デュルケームは〈社会—集合意識—連帯—道徳—法〉という概念連鎖の対象を，事実であるかのごとく扱うことができたのであり，そこでは連帯は直接的に道徳として経験されるという構図が採用されていると言う。そして疑問を呈する―人々の間でモラルや規範から自由な，規範なき社会性は形成されえないのか？

「と」の論理

第9章

第1節 《ゲマインシャフトとゲゼルシャフト》再び

(1) 切ることと結ぶこと

　個人と社会の再考というテーマに与えることのできる明確な結論は今のところまだない。一つ言えることは,「社会的なもの」が消失しつつあるかのように見える時代の社会学は,近代社会学とは逆の方向,すなわち個人と社会を〈切る〉方向を模索すべきではないかということである。

　少なくとも,これまで検討してきた理論的諸潮流の流れ着く先には,社会が諸個人の集まりから成り立っているという前提を危うくする帰結が待ち受けている。フーコー派のリスク社会論と監視社会論も,ルーマンのシステム理論も,さらにはバウマンの「流動的近代」論さえも,言いかたこそ違え,同様の方向性を示唆している。
　だからといって,それにそのまま同調する必要はないのだが,個人と社会が切れてゆく大きな流れは押しとどめようがないように見える。「人間的自然」や「真の共同体」に訴えて乗り切ろうとする

第9章 「と」の論理

試みにも可能性がないわけではないが，「自然」「人間性」「共同体」などのロマン主義的なマジック・ワードの連鎖や，「理性」「責任」「自律」などの啓蒙主義的言説の復活で誤魔化すことはできないだろう。

　ならば，どのような"切り"かたをすればよいのか。近代社会学の誕生が「連帯」の思想と切り離しがたく結びついていた歴史を振り返るならば，個人と社会を〈切る〉ことが，決して「社会の終焉」や「社会的なものの喪失」には向かわず，逆に社会的なものの純化を理論化する形で，個人と社会に新しい意味を付与しながら，両者の間を"うまく"切ることに期待を寄せたい。現時点では，「新しい形での連帯の可能性」がどこに見出せるのかについての言明はまだ避けておきたい。

　デュルケーム，ウェーバーと同時代の，社会学創世期のゲオルグ・ジンメル*（G. Simmel）は「切ることと結ぶこと」は同じ事柄の二側面であると指摘していた。我々があるものを「〈分割されている〉と見なすとき，我々はすでに意識の中でそれらを相互に関連づけているのである。…逆に，結びついていると感じられるのは，あらかじめ何らかの形で相互に分離させている場合のみである。物事がつながりを持つためには，それらはまずもって隔てられていなければならないのである」(Simmel, 1909, S. 1)。

(2)《ゲマインシャフトとゲゼルシャフト》
　近代社会の生成とともに「個人」という概念が見出されたのは，

第1節 《ゲマインシャフトとゲゼルシャフト》再び

> **＊ジンメルの社会学**
>
> 　　ジンメルのアプローチはデュルケーム，ウェーバーに比べると，社会学史の中ではやや例外的である。デュルケームとウェーバーは，当時の社会学的志向の一般的特性として，個人と社会のどちらか一方だけを選択するのではなく，両者を区別した上で，連帯や道徳，目的合理性などの概念でつなごうとしている。ジンメルの場合は，個人と社会という概念を擬制的（仮象）であるとして，個々人の関係に焦点を当て，社会化の「形式」（競争，闘争，模倣など）をもっぱら追究した—それゆえに「形式社会学」と呼ばれる。
>
> 　このジンメルの方法は，社会を実体視することや，社会に個人を包摂するという方向から距離を取る点では，本書やルーマンが目指している方向と共通する面もあるが，ジンメルは関係そのものを「社会的なもの」と考えつつ，それによって個人と社会を結ぼうとする点で，やはり当時の社会学と同じ流れの上にいたというべきである。それゆえ，『社会学の根本問題』（1917年）というジンメルの著書の副題は「個人と社会」なのである。ただ，ジンメルは次第に心理主義的なアプローチ（心的相互作用の解明）に偏ってゆき，社会学としてはやや傍流に留まった。

共同体への埋没から個人が自律化し，個人とそれを取り巻く世界との隔たりが認識されたからである。そして，近代産業社会が独特の社会システムを確立してゆく過程で，個人にとって周囲の世界が疎外的なものとして現れたときに，「社会」という概念が発見され，個人と社会の関係が概念的に更新された。そのような形での更新が，今また，更に改定されようとしている。

　社会学は〈人と人との結びつき〉を明らかにし，その最終的審級を「社会」と呼んできた。これからもそれを課題とし続けるだろう

第9章 「と」の論理

が，前提となる関係性の想定は変更されねばならない。もともと結びつくはずだという想定は棄てねばならないだろう。

　近代社会学は「遮断」と「分割」を，個人と社会（あるいは，人間と人間）を結びつける方向で解決しようとしたが，むしろ遮断を遮断として受け入れることによって，逆に，結びつきが確保されるような理論的反転が求められているのではないだろうか。

　これはフェルディナンド・テンニース（F. Tönnies）が規定した「あらゆる結合にもかかわらず，本質的に分離し続ける」「擬制的（仮象）で有名無実」な存在としての"ゲゼルシャフト"に立ち返って，彼とそれ以降の社会学が中途半端に対立させた（それゆえに緊張と総合という観点から扱いうる余地を与えた）〈ゲマインシャフトとゲゼルシャフト〉（Gemeinschaft/Gesellschaft）という区別それ自体を問い直すことでもある。

　テンニースの『ゲマインシャフトとゲゼルシャフト』（1887年）は，個人と社会の結合／分離のありかたを再検討する際の，理論上の重要な出発点である。「あらゆる分離にもかかわらず結合」しているゲマインシャフトと「あらゆる結合にもかかわらず分離」しているゲゼルシャフト（Tönnies, 1887, S. 43）という，二つの抽象化された社会類型の性格規定は妥当であろうか。

　ウェーバーは，社会概念の実体化を嫌って，この二類型を関係概念として再規定し，「ゲマインシャフト的関係」と「ゲゼルシャフト的関係」として整理している。いずれにせよ19世紀という時代が，近代社会における個人と共同体と社会（「利益社会」と訳されて

きたもの)の位置と相互関係が大きく変化する局面にあったことを思わせる。

(3) "我々―我―バランス"

17世紀にデカルトの「我思う，ゆえに我あり」において始められたのは，「我アイデンティティ」が「我々アイデンティティ」を覆うようになるという強調点の移動である。前近代社会には，我々が今日用いるような意味での自我意識を伴った「人格」や「個人」の概念が存在しなかったことは，マルセル・モース（M. Mauss）の古典的研究などによって知られている。

同じことを，チャールズ・テイラー（Ch. Taylor）は「近代化以前に（我々がそう呼ぶところの）アイデンティティがなかったのではなく，それとして主題化されるに値しなかったためである」と述べている。

あるいは，ノルベルト・エリアス（N. Elias）は『諸個人の社会』（1987年）で次のように指摘している。デカルトの次の時代には，18世紀から19世紀にかけて，近代的な個人主体の確立に向かい，その際に"我々―我―バランス"が顕著な変化を見せ，「互いに共通して持っている〈我々アイデンティティ〉よりも，人々が自分と他者を区別する〈我アイデンティティ〉に高い価値を与えることが社会の特徴となった」(Elias, 1987, S. 210)。

「デカルトは，人がものを考えるときに，人間外の原理（神の摂理）に一致させることで知の確実性を得る時代にはもはや住んでいなかった」(Burkitt, 2008, p. 6)。デカルト以降は，この人間観は啓蒙

第9章 「と」の論理

主義とロマン主義に分岐している。

前者はカントからフィヒテ（J. G. Fichte）に継承されるドイツ観念論哲学の中で概念的に彫琢されていった。モースは，個人の意識の中で起こるあらゆる事柄が「自我」の問題であるとしたのはフィヒテであり，「そのとき以来，心性の大変革が成し遂げられ，我々のおのおのが自分の〈自我〉を有することになったのである」と考えていた。それはカントとフィヒテに先行する，フランス大革命の「人権宣言」の反響であった。

ロマン主義思潮は，ルソーに代表される人間主義的で心情表出的な思想に結実してゆくが，啓蒙主義とロマン主義という「個人」の二つの源泉は，同時に，「資本主義的な〈所有の個人主義〉の産物であり，諸個人が自分の能力と技術によって生きるという，個人と社会の分離を作り出した」（Burkitt, 2008, p. 2）と言うことができるだろう。

もちろん，近代化の始めには，前近代的遺制を個人によって乗り越えるべく，新たに社会が構想されたのであるが。まずは「我アイデンティティ」が旧共同体的な「我々アイデンティティ」に対置された。

しかし，このような独立独歩の自律的主体も，19世紀には，「社会的矛盾」と向き合わねばならなくなる。それを早い時期に悟ったのはカントとフィヒテに続く時代のヘーゲルである。ヘーゲル（G. W. F. Hegel）は「哲学者」として知られているが，社会学の眼から振り返るなら，彼の思想においては「社会」というものが独特の存在とし立ち現れ始めており，まさに近代社会諸科学が分化する時代

の思想として興味深い。

　巨視的に見るならば，個人と社会の軋轢という，近代の"新時代的"問題意識を引き継いだのは社会学である。これまでにも述べたように，社会学はこの仕事を，個人と社会を結ぶこと，あるいは，社会に個人を包摂することで果たそうとしてきた。ここにおいて，エリアスが言うような意味での「我アイデンティティ」と「我々アイデンティティ」は調停されることになった。

　だが，そのバランスがまた崩れ始めたのが20世紀末の社会である。近代初期とは違った形で，再び「我アイデンティティ」が「我々アイデンティティ」を凌駕し始めたという時代診断である。共同体論的思考を好むテイラーなどは，それを好ましくないことだと考えているが。

第2節　"あらゆる分離にもかかわらず結合"しているゲゼルシャフト

(1) 思想的偏向

　エリアスが長い研究生活の最終段階で，"我々―我―バランス"を表題としてそれを論じたのは比較的最近のことであるが，この延長上に，我々の時代はいわゆる「個人化の時代」というものを迎えている。エリアスがデカルトの名で語った，初期近代における個人と社会の新しい関係性の萌芽と，現在浸透しつつある個人化との間にあって，社会学は，"我々―我―バランス"を規定する理論的調整装置として，その役割を果たしてきた。

第9章 「と」の論理

　そのような流れの一つの節目を示しているのが『ゲマインシャフトとゲゼルシャフト』である。なぜなら，それは単に学説史の教科書的な意味で，近代社会を捉えるための二項対立的アイデアを提供したということだけはなく，本書の視点から見るならば，個人と共同体と社会との関係を，（もしこう言ってよければ）ある思想的偏向に向けて措定したと考えられるからである。

　言うまでもなく，二つの類型を二分法的に対置したり，ゲマインシャフトからゲゼルシャフトへの一方的な歴史発展などという思考法は採用できない。テンニースもそのことは承知している。二つの概念は硬直した二分法的概念ではないし，ゲマインシャフト的なもの（「共同社会」的なもの）とゲゼルシャフト的なもの（「利益社会」的なもの）は現代社会でも共存している。

　ゲマインシャフトに与えられた，〈あらゆる分離にもかかわらず結合〉しているという規定，ゲゼルシャフトに与えられた，〈あらゆる結合にもかかわらず分離〉しているという規定は今も妥当であろうか。二分法的類型論は不毛だという単純な批判を脇におくならば，ここで与えられるべき規定は逆なのかも知れないという疑問が頭をもたげる。〈ゲマインシャフトとゲゼルシャフト〉という社会科学界で流通してきた二類型の関係は，現代では逆に規定せねばならないのではないか。

　テンニースの時代には，共同体的な関係に基づく親密な社会関係と，経済的利害関係や政治的権力関係などの，特定目的によって形成される（近代的な）全体社会のありかたとを区別することに大き

な意義があったはずである。単純にゲマインシャフトが衰退してゲゼルシャフトが席巻するということではないが、流れとしては、前者の社会関係から後者の優勢へという方向性が見える。

テンニースにおいては「本質意志（Wesenwille）」と「選択意志」（Kürwille）という意志形式の根本的相違から二類型の特性が導かれる。やや簡略化して要約するならば、本質意志は結合それ自体を求める意志であり、選択意志のように特定の目的を達成するために働くものとは異なる。テンニースはこのような二つの意志形態を前提することから社会を二類型に分類することになる。

(2) 結合―分離―バランス

ゲマインシャフト（あるいはコミュニティ、共同体、親密圏）は、"あらゆる結合にもかかわらず分離"しているのであり、ゲゼルシャフト（あるいはアソシエーション、社会システム、公共圏）は、"あらゆる分離にもかかわらず結合"していると言い換えるべきなのではないか。

正確に言うならば、逆というのではなく、結合と分離は同時に存在しているが、時代に即した認識のしかたとしては、（エリアスの"我々―我―バランス"という表現をもじれば）ゲマインシャフトとゲゼルシャフトの「結合―分離―バランス」を、テンニースとは逆に考えたほうが考えやすいのではないかということである。

言うまでもなく、テンニースも、ゲゼルシャフトは利害や権利義務の関係においてさまざまに分離した関係を前提として成り立っていると考えており、その上で、そこから一定の合理的協調が可能に

第9章 「と」の論理

なっている点を問題としている。

したがって，"あらゆる結合にもかかわらず分離"しているという言いかたは，"あらゆる分離にもかかわらず結合"しているという面も含意していないわけではない。だが，テンニースが意図していることと，本書で述べようとしていることとでは，基本的志向性が異なっている。

テンニースの場合には，ゲマインシャフトであれゲゼルシャフトであれ，結果として結合関係が形成されていることに注目し，社会的結合が可能となっていることを重要視している。結合という現象が尊重されているのである。そういう意味では，本質意志か選択意志かという違いを超えて，テンニースにおいては，結びついていること＝「結合」（Verbindung）が議論の出発点となっている。

これは，彼が最終的に「ゲノッセンシャフト」（Genossenschaft：協同組合）という，ゲマインシャフトとゲゼルシャフトを併せ持った結合形態に期待したことにも現れている。

基本的には，ゲマインシャフトからゲゼルシャフトへの社会的変動という図式で捉えていたが，テンニースはゲゼルシャフト的関係の弊害や資本主義社会の諸問題を克服することを願っていたから，ゲゼルシャフト化の後に再びゲマインシャフト的なものに進むと考えていた。

ここから見えてくることは，テンニースの考える結合関係の祖型がゲマインシャフトにあり，その変異体としてゲゼルシャフト的関係が設定されているのではないかということである。もちろん，テンニースの論述はかならずしも明快ではなく，当時のドイツ社会の

第2節 "あらゆる分離にもかかわらず結合"しているゲゼルシャフト

> **＊コミュニティとゲマインシャフト**
> 　マッキヴァーの〈コミュニティとアソシエーション〉(community/association) は，しばしばテンニースの〈ゲマインシャフトとゲゼルシャフト〉と重ねて論じられるが，二つの理論モデルには，共通する部分と異なる部分とがある。
> 　一般的に，"ゲマインシャフト"は地域共同体などの集団を意味するから，マッキヴァーのコミュニティ概念とそれほど隔たりはないとも言える。しかし，やや単純化して図式的に表せば，テンニースはゲマインシャフトを〈家族→村落→小都市〉という系列で，ゲゼルシャフトは〈大都市→国家→世界〉という系列で発展的に分化するものと捉えている。また，テンニースがゲマインシャフトとゲゼルシャフトをやや二項対立的に対置し，進化論的図式で，ゲマインシャフトからゲゼルシャフトへの移行として時代の変化を捉えているのに対して，マッキヴァーの概念にはそういうニュアンスはない。
>
> 　マッキヴァーのコミュニティ概念はやや曖昧で，概念的広がりも明確とは言えないが，決して「古い」タイプの社会関係を表しているのではない。コミュニティは「地域性」と「共同性」を中核とした帰属意識に基づく集団であるが，単に"地域コミュニティ"を指すだけではなく，もっと広い概念としてもあり，地方や国家，広域的な国家連合をも意味しうる概念になっている。
> 　それゆえ，コミュニティはその内にさまざまなアソシエーション（特定の目的・関心をもって結合する人為的集団）を含んでいる。したがって，コミュニティとアソシエーションは，概念的には区別される集団類型であるが，同時に，コミュニティがアソシエーションを包含する関係でもある。

実情を踏まえて，色々な要素を複雑に絡めながら慎重に議論を進めているから，乱暴な言い切りは避けねばならないが，本書とのかかわりで言えば，テンニースは"本質"的に結合志向であり，本書で

第 9 章 「と」の論理

志向しているような,個人と社会とを「切る」ことから始めようという姿勢とは反対である。

　ただし,テンニースが状況を見誤っていたのではない。彼は時代を正しく捉えたのであり,結合と分離の配置は,その時代においては,テンニースのように規定するのが妥当だったはずである。その証拠に,テンニースのこの規定は,その後の社会学の発展過程においても(批判はあっても)受容され,ロバート・マッキヴァー (R. M. MacIver) の『コミュニティ*』(1917 年) にも (そのままではないが) 重なってゆき,パーソンズの図式でも採用されている。

　テンニースが規定した「結合─分離─バランス」は,社会学にとっての大きな偏向を形成していった。テンニース自身には,結合と分離の同時存在が認識されていたとも読み取れるが,この理論的な初期設定は,やがて社会学の発展とともに,結合を志向する方向に偏向していった。もちろん,それが産業社会と国民国家の要請に合致した理論形成であったこともまた確かである。

　なぜ,我々は今,それをテンニースとは反対にイメージしたほうがよいのか。我々にそれを促すのは,まさに現代が新しいタイプの個人化の時代であり,また 19 世紀以来の「社会」の概念が曖昧化しつつあるからである。

　ここでは,デュルケームの古典的社会学を経てパーソンズに受け継がれた,20 世紀社会学の(全てではないにしても主要な)基本的社会構想が綻びつつある。"社会規範を内面化した諸個人の連帯に

第2節 "あらゆる分離にもかかわらず結合" しているゲゼルシャフト

よって維持される社会"という図式は,リスク社会に対応した新しいタイプの「統治性」によって侵食されているし,また,ベックが言うような「リスクの個人化」によっても取り崩されつつある。

「規律訓練」なき監視を伴った新たな統治は,福祉国家の衰退とグローバル化,ネオリベラリズムの蔓延等の問題を孕みつつも,深く静かに進行している。ポスト近代の社会が負わざるをえないそれらの困難を乗り越えるためにも,我々はここで,これまでの社会学の図式を転換しなければならない。

言うまでもないが,個人化の進展は,単に個人と社会の概念が曖昧化して「社会の終焉」や近代的「個人の終焉」に至るという否定的ニュアンスでのみ受けとめられるべきではない。それは同時に,個人のより大きな自律性と選択性を提供するという意味で,新しい形での個人と社会の境界と関係とを規定し直すということであり,「終焉」ではなく再定位である。ここでは,それを〈個人と社会〉という対概念の問い直しという形で取り上げている。

社会の個人

第10章

第1節 デュルケーム的問題とポスト近代

　1970年代以降,いわゆる「ポストモダン」期に登場した新しいタイプの社会理論は,ポスト構造主義的な「脱構築」であれ,ルーマンのシステム理論であれ,あるいはハバーマスのコミュニケーション論,ギデンズ＝ベックらの再帰的近代論であれ,近代的「個人」と「社会」の概念的硬直性を問い直そうとしたものである。そこでは,主体と構造が同時に相対化され,ルーマンとハバーマス,ギデンズらがそうしたように,「主体」「意味」「構造」「合理性」などの概念の問題が再検討された。

　その後の20世紀末の新しい社会的情勢に直面する中で,広い意味でのポスト近代的理論構築は,次第に道徳や連帯の問題に論点を移行させつつあり,公共性論の高まりや生命・環境「倫理」の台頭,コミュニタリアンとリベラリズムの対立などの形をとりながら,デュルケーム的問題領域の再燃へとつながっている。

第10章　社会の個人

　近代的個人主体や社会構造を脱構築した後に，では，どうやって再び社会を構想するのかという問題が再浮上する。「リキッド・モダニティ」に生きる「個人化」した人間を，どのようにして一対の〈個人と社会〉という概念セットに再び格納することができるのか。

　道徳や連帯についての，これら近年の「デュルケーム的」とも呼ぶべき問題において，多くの論者は依然として個人と社会を結びつけるという近代社会学の前提を踏襲しようとしている。もちろん使用される概念や関係のつけかたについては操作が施されているが，そこでの個人と社会の概念は曖昧で希望的観測に基づくものか，あるいは近代的前提に新しい衣を被せただけのものが多い。

　今日のリベラリズム（個人の自由に立脚して社会関係を構想しようとする自由主義的立場）とコミュニタリアン（個人が共同体に包摂された存在であることを強調する共同体論的立場）は，その対立にもかかわらず，個人から社会を構想するか，その逆かという，ほとんどヘーゲルにまで遡る問題を蒸し返しているにすぎないと言ったら言いすぎであろうか。そのせいで，議論は一向に進展せず，そうこうするうちに，「リベラル＝コミュニタリアン論争」という言葉自体が新鮮味を失いつつある。

　それに比べれば，ベックの個人化論やバウマンのリキッド・モダニティ論には一定の意義があるが，そこでの議論も満足のゆくものではない。ベックの場合には，一方で，国民国家に擬されてきた社会概念を批判しつつ，グローバル化とともに境界線が更新し続けられるような形で社会概念を想定しており，時代に即した議論ではあ

るものの，曖昧な社会観と個人観を提示している。

　バウマンもまた，その卓越した現代社会論にもかかわらず，個人と社会の関係については，極めて曖昧な「ポストモダン倫理」を想定している。「近代の立法者や思想家は，道徳性というものをデザインして人間に注入すべき何ものかであると捉えていたし，包括的で統一性のある倫理を構想しようとした」(Bauman, 1993, p. 6) として，デュルケーム社会学的秩序観を批判し，他者に向けられた道徳的責任を出発点として，そこに人と人との関わりの祖型を見ようとするのであるが，今ひとつ社会科学の土俵に乗ってこない。

第2節　人格と意識システム

　デュルケームは「社会的なものを社会的なものによって説明しようとする」という点で，古典的社会学の中では，唯一，ルーマンと共通の志向性を有しているという指摘もある。もちろん，社会的事実を「もの」として見るデュルケームの姿勢と，社会をコミュニケーションのネットワークとして捉えるルーマンの視点とは大きく異なるし，道徳規範に対する考え方も根本的に異なっている。

　だがここでは，人格は社会的なものであるというデュルケームの視点と，意識システムは「閉じている」というルーマンの観点を，個人と社会は別れてしまっていて一つの論理に還元することはできないという論点につなげてみたいと思う。

　よく知られているように，デュルケームにおいて「人格」(personne) は社会に由来するものである。それゆえ，「個人と人格

は同義ではなく,個人は人格が埋め込まれる素材であるが,人格は肉体的個人に備わったものではない」。身体＊は個人に固有のものだが,人格は社会によって作られる。

> **＊身体**
> 　ルーマンの場合にも,デュルケームとは違った形ではあるが,身体と意識とを峻別している。社会システムと個人の意識システムを区別すると同時に,意識システムと生命システムとの区別を強調している。我々は自由に考えることができても,自由に生体活動を営むことなどできないからである。
> 　「こころ」と「からだ」は別々のシステムであるからこそ,特定のチャンネルを介して相互に浸透しあい,しばしば「心身」問題を形作る。この考えかたは,身体は意識の「他者」であるという見方に我々を導くことにならないだろうか。
> 　身体を意識の他者とする身体観は,身体が意識によって支配されたり,逆に身体が意識を支配したりするという思考法を退けることになろう。身体が意識に支配されるのが啓蒙主義的理性主義の心身モデルだったとするならば,「パノプティコン」的身体観はその逆であるとも言える。「祈りの姿勢が信仰を生む」というパスカルの思想から,フーコーの「監視」まで,さまざまな理論タイプが存在している。
> 　いずれにせよ,社会をコミュニケーションのシステムと捉えるならば,社会に対応するのは（心的な）意識システムであって（物理的）身体ではない。それゆえ,社会との関係においては,個人はまずもって意識システムとして現れる。

デュルケーム社会学では,人格は近代的な社会的分業の産物であり,「個人の人格の進歩と分業の進歩は,唯一の同じ原因によるのである。…それゆえ,低級な社会においては,個人的人格は存在し

第2節 人格と意識システム

なかった」。人格は，各人が固有の活動領域を持ち，個人的人格が集合的人格に吸収されつくされていないときにのみ可能となる。

もしこの定義が述べるように，人格は個人にとって外在的な，人格についての集合的思考様式が個人に顕現したものであるならば，我々はもう一歩進めて，人格を，各個人のメンタルな意識から切り離して考えるべきではないか。この問題に利用可能な新しい図式を提供しているのはルーマンである。

すでに述べたように，ルーマンは，コミュニケーションを要素として成り立つ「社会システム」と，個人の内的な思考・心情・意欲などによって成り立つ「意識システム」とを峻別するから，まず初めに，意識システムと人格（Person）とは明確に区別されなければならない。「人格とは…アイデンティフィケーションのための概念であり，…個人としての人間という対象を観察するための形式であり，…人格は，行動可能性が個人に帰属される制限として規定される」(Luhmann, 1995, S. 146-148)。

各人の意識システムの内部を覗き込むことはできないが，個人の行動は，相互作用や社会システムとの関係で一定の行動予期を要求する。対人関係や役割遂行上のコミュニケーションに付随する，複雑性と不確定性が解消されねばならない。そのための観察形式として要請されるのが人格という形式である。人格は，意識システムと社会システムという，構成原理を異にする二つのシステムの連結を可能にする装置として働く形式である。

「人格」は，意識システムと社会システムの間に介在する〈イン

ターフェース〉と考えるべきであろう。それは，ペルソナ（その向こうから声が聞こえてくる仮面）という言葉のそもそもの原義にも近く，個人の意識と他者ならびに社会とを取り結ぶ（"inter-face"）接触面であるという実態をよく表している。

コミュニケーションによって成り立つ社会システムと，思考・感情・意欲の連続としての意識によって成り立つ心的な意識システムは，言語，パターン認識などの全てにおいて接続し合っており，相互に浸透しているが，あくまでも別個のシステムである。コミュニケーションがコミュニケートするのであり，思考がコミュニケーションを行うのではない。思考は私の側にあり，コミュニケーションは社会の側にある。つまり，社会的なものと心的なもの（個人意識）は別個であり，社会的なものは心的なものによっては説明されない。

第3節　結合と分離の反転

デュルケームは，個人と社会とが異なる存在であることを示しながらも，二つを何とかして結びつけようとした。それは，すでに存在していた「個人」（啓蒙主義的であれロマン主義的であれ）と，発展する近代産業社会，そして国民国家として表象される「社会」との間の折り合いをつけようとする，時代の要請に応えたものであったはずである。

パーソンズはもっとうまく二つを結びつけて体系的理論を完成したが，デュルケームが個人と社会は異なったリアリティを持つ存在

第3節　結合と分離の反転

だと考えた点を重視せねばならない。古典的社会学，そしてそれに続く20世紀社会学においては，この異なったリアリティを何とか結びつけ社会に包摂しようとしてきた。

　だが，それらの理論的装置は制度疲労を起こしており，行為者とシステムは別れたのである。我々はここでルーマン援用しながら，意識システムと社会システムを区別し，双方が独立したリアリティをもつ独自の存在だと考えるべきであろう。

　各人の意識システムと社会システムはそれぞれに「閉じて」おり，二つは「切れている」。であるからこそ，結びつけられる必要があり，そのための手段として，言語や「象徴的に一般化されたメディア」（貨幣や権力，真理，愛など）が機能してコミュニケーションが遂行される。そのようなコミュニケーションの連鎖によって形成された空間が社会である。

　とりわけ，「個人化」が進む今日の社会において，各人の意識は多様であり，自分自身にとってさえ曖昧であるほどに差異化されている。社会関係もまた多様化し，そのスピードが加速し，社会が常に変化しつつあり，各人もそう感じ取っている。だが，個人の意識はその内容においても流動性においても他者および社会と異質であり，別個のリアリティを形成している。

　社会という存在は，早くにデュルケームが指摘していたように，個人を超えた創発特性を備えており，個人とは異質な存在である。とすると，これまでの議論を踏まえて個人と社会の関係を総括するならば，個人の意識は社会システムを構成する要素ではないという

第10章　社会の個人

意味において，社会＝ゲゼルシャフト（ルーマンにおいては全体社会を指す場合にのみゲゼルシャフトという言葉が用いられるが，ここではもう少し一般的な意味で捉えておく）は，あらゆる点で分離しているが，それゆえにこそさまざまなプロセスや構造において結びつきが図られる。つまり，ゲゼルシャフトは，"あらゆる分離にもかかわらず結合"しているのである。

では，ゲマインシャフトはどうか。慣例に従って，ゲマインシャフトをコミュニティ・親密圏などという意味でゲゼルシャフトと区別しておくならば，ゲマインシャフトは，その見せかけの親密性と結合性とは裏腹に，個々人の意識システムの多様性・異質性にさらされており，家族であれ，友人関係であれ，「コミュニティ」（という言葉でイメージされる親密な近隣関係）であれ，あらゆる（思い込みとしての）結合にもかかわらず分離しているという視点が得られる。

これは「卵が先か，鶏が先か」的な単なる言葉の入れ替えではない。ジンメルが「切ることと結ぶこと」が同じ事柄の二側面であることを指摘していたように，確かに，さまざまな社会関係において，結合と分離は同時に存在すると考えることができる。だが，古典的社会学においては，方法論的個人主義か方法論的集団主義の差を超えたテーマとして，社会学の学問的方向性が，個人を社会に結びつけてゆく方向に定位されたと言うことができるだろう。

第4節　個人の〈個人化〉

　今日，我々が個人と社会の関係を再考するときに求められる方向性は，社会学において一般的に想定されてきた結合と分離の方向とは逆である。社会を構想するときに，まずもって〈結合が存在するべきである〉という（古典的社会学以来の）想定を離脱し，まずもって分離が存在し，あるいは，より正確に言うならば，〈結合は分離によってしか生まれず〉，そのプロセスで，まさにデュルケームが示唆していたように，個人と社会は（もはや分業によってとは言えないが）共に複雑性を高めてゆく。

　初めは結びついているが，後に分離するのではない。それは，デュルケームの表現を借りるならば，より社会構造が単純で，個人の人格やアイデンティティが共同体の中に吸収されていた社会のありかたである。現代社会はそうではない。

　発生論的には，例えば，「ゲマインシャフトからゲゼルシャフトへ」，「身分から契約へ」，「機械的連帯から有機的連帯へ」（デュルケームはやがてこのフレーズを使わなくなったが）という経路を想定することはできるが，近代化の末に，現に我々が体験している社会は，初めは結びついていた個人と社会が，次第に分離しつつある姿に現在進行形で変容しつつあるなどということではなく（家族などの親密圏ではそういう事態も観察されると言えるのかも知れないが），すでに分離してしまった後の社会である。

　近代化の始まりとともに，自律的主体としての個人が構想され，

第10章　社会の個人

デュルケームやモースが述べたように，個人と人格と自我が概念化された。あるいはフーコーに依拠するなら，初めはパノプティコン的構造によって作られたにすぎなかったと言えるかも知れない。だが，個々人の意識が次第にその内的複合性を高め，ルーマンが言う意味での「閉じ」を昂進させたとき，個人は社会と同じ程度に自律した閉じたシステムとなったと言える。

エリアスは「社会は人間を均一化し典型化するものであるのみならず，人間を個性化するものである」と（ジンメルと同様の視点に立ちながら）総括し，独特のリスクを抱えながらも「我々の社会には，個人がより高いレベルの個人化へと向かう社会発展が開かれている」と結んでいる（Elias, 1987, S. 177）。

エリアスは〈個人化〉という言葉を"個性化"のニュアンスを込めて用いているが，ここでは，〈個人化〉（Individualisierung）という言葉を，個人の意識システムの自己言及的で再帰的な「閉じ」の昂進という意味で用いたい。自己言及的な「閉じ」が個性化を伴うことはもちろんだが，議論の重点は，個性があることではなく閉じていることのほうにある。正確に言えば，「閉じつつ開いている」ことにある。

個人が個人化する歴史は，ルーマンの用語を用いれば，個人の意識システムが再帰的な閉じを完成してゆく過程であり，個人意識の内的複合性の増大と再帰的閉じの昂進として捉えることができる。

以前には，そこに（人間主義的な）主体という概念装置が挿入され，社会は人間学化され，個人は人間主体という重荷を背負わされ

第 4 節　個人の〈個人化〉

て，いやが上にも社会と緊密に結ばれることになった。古典的社会学が取り結ぼうとした個人と社会の関係は，そのようなものであった。

　我々が体験している現在の〈個人化〉は，外見的には個性的であったり，ナルシシスティックであったり，ベックが言うように「擬似主体的」であったりするが，そこには社会から明確に区別される，より個人化した個人がいる。
　重要なのは，個人の意識システムと社会システムが同じ重みで存在し，一方が他方に従属したり包摂されたりすることのない，対等な関係性を形作ろうとしているということである。それゆえに，"行為者とシステムは別れた"と言うべきなのであり，ゲゼルシャフトは"あらゆる分離にもかかわらず結合"していると言い換えねばならないのである。

　社会学説史的には，個人を超えた存在だと考えられてきた社会が，個人を超えているのではなく，個人とは異なった，しかし個人と同等の存在として認識され始めているということである。ここには社会観＝個人観の大きな転換がある。
　そのように考えることが，個人と社会の「と」を，より現代に適した形で捉え直し，概念的に更新することであり，同時に，「社会の終焉」と「個人の終焉」という，社会学にとっては自滅的な社会認識から脱する道であろう。

引用・参考文献

　本文中の外国語文献からの引用は，著者が原典から邦訳したものである。したがって，引用ページ表示も原典のものである。文献表には，代表的文献と訳書を記載した。

　また，邦語文献については，掲載すべき参考文献が多数あるが，ここでは，コンパクトにまとめられた読みやすい代表的文献のみを掲げた。

Adorno, Th. W., 1966: *Negative Dialektik*, Tiedemann, O.(Hg.), Theodor W. Adorno Gesammelte Schriften., Bd. 6, Suhrkamp, 1973. （木田元他訳『否定弁証法』作品社，1996年）

Arendt, H., 1958: *The Human Condition*, Univ. of Chicago Press. （志水速雄訳『人間の条件』筑摩書房，1994年）

Baudrillard, J., 1970: *La société de consommation*, Gallimard. （今村仁司・塚原史訳『消費社会の神話と構造』紀伊國屋書店，1979年）

Bauman, Z., 1993: *Postmodern Ethics*, Blackwell.

Bauman, Z., 2000: *Liquid Modernity*, Polity Press. （森田典正訳『リキッド・モダニティ』大月書店，2001年）

Bauman, Z., 2001: *The Individualized Society*, Polity Press. （澤井敦他訳『個人化社会』青弓社，2008年）

Beck, U., 1986: *Risikogesellschaft*, Suhrkamp. （東廉・伊藤美登里訳『危険社会』法政大学出版局，1998年）

Beck, U., 1997: *Was ist Globalisierung?* Suhrkamp. （木前利秋・中村健吾監訳『グローバル化の社会学』国文社，2005年）

Beck, U./Beck-Gernsheim, E., 2002: *Individualization*, Sage.

Beck, U./Bonß, W.(Hg.), 2001: *Die Modernisierung der Moderne*, Suhrkmp.

Bell, D., 1973: *The Coming of Post-Industrial Society*, Basic Books. （内田忠夫他訳『脱工業社会の到来』ダイヤモンド社，1975年）

Berger, P. L./Luckmann, Th., 1966: *The Social Construction of Reality*, Douleday. （山口節郎訳『日常世界の構成』新曜社，1977年）

引用・参考文献

Bourdieu, P., 1988: *Contre-feux*, Seil. (加藤晴久訳『市場独裁主義批判』藤原書店, 2000年)

Burkitt, I., 2008: *Social Selves*. rev. ed., Sage.

Castel, R., 1991: From Dangerousness to Risk, Burchell, G.,/Gordon, C.,/Miller, P.(eds.), *The Foucault Effect*, Univ. of Chicago Press.

Dubet, F., 1994: *Sciologie de l'expérience*, Seuil.

Durkheim, É., 1893: *De la division du travail social*, 10e éd., PUF., 1978. (田原音和訳『社会分業論』青木書店, 1971年)

Durkheim, É., 1897: *Le suicide*, Felix Aclan, 3e éd., PUF., 1960. (宮島喬訳『自殺論』中央公論社, 1985年)

Durkheim, É., 1912: *Les forme élementaires de la vie religieuse*, 6e éd., PUF., 1979. (古野清人訳『宗教生活の原初形態』岩波書店, 1975年)

Durkheim, É., 1924: *Sociologie et philosophie*, Nouvelle éd., PUF, 1963. (佐々木交賢訳『社会学と哲学』恒星社厚生閣, 1985年)

Elias, N., 1987: *Die Gesellschaft der Individuuen*, Suhrkamp, 2003. (宇京早苗訳『諸個人の社会』法政大学出版局, 2000年)

Ewald, F., 1986: *L'État providence*, Bernard Grasset.

Foucault, M., 1975: *Surveiller et punir*, Gallimard. (田村俶訳『監獄の誕生』新潮社, 1977年)

Foucault, M., 1976: *La volonté de savoir, Histoire de la sexualité I*, Gallimard. (渡辺守章訳『知への意志』新潮社, 1986年)

Giddens, A., 1990: *The Consequences of Modernity*, Polity Press. (松尾精文・小幡正敏『近代とはいかなる時代か?』而立書房, 1993年)

Giddens, A., 1998: *The Third Way*, Polity Press. (佐和隆光訳『第三の道』日本経済新聞社, 1999年)

Goffman, E., 1959: *The Presentation of Self in Everyday Life*, Doubleday & Company. (石黒毅訳『行為と演技』誠信書房, 1974年)

Habermas, J., 1990 (1962): *Structurwandel der Öffentlichkeit, mit einem Vorwort zur Neuauflage*, Suhrkamp. (細谷貞夫・山田正行訳『公共性の構造転換』未来社(第二版), 1994年)

引用・参考文献

Hacking, I., 1990: *The Taming of Chance*, Cambridge Univ. Press.（石原英樹・重田園江訳『偶然を飼いならす』木鐸社，1999 年）

Hochschild, A. R., 1983: *The Managed Heart*, Univ. of California Press.（石川准・室伏亜希訳『管理される心』世界思想社，2004 年）

Lau, Ch., 1989: Risikodiskurse, *Soziale Welt*, 40-3.

Luhmann, N., 1981: *Gesellschaftsstruktur und Semantik 2*, Suhrkamp.（佐藤勉訳『社会システム理論の視座』木鐸社，1985 年）

Luhmann, N., 1984: *Soziale Systeme*, Suhrkamp.（佐藤勉監訳『社会システム理論』（上）（下）恒星社厚生閣，1993-1995 年）

Luhmann, N., 1990: *Paradigm lost*, Suhrkamp.（土方昭訳『パラダイム・ロスト』国文社，1992 年）

Luhmann, N., 1991: *Soziologie des Risikos*, Walter de Gruyter.

Luhmann, N., 1995: *Soziologische Aufklärung 6*, Westdeutscher Verl.（村上淳一編訳『ポストヒューマンの人間論』東京大学出版会，2007 年）

Lyon, D., 2001: *Surveillance Society*, Open Univ. Press.（河村十郎訳『監視社会』青土社，2002 年）

Lyotard, J-F., 1979: *La condition postmoderne*, Minuit.（小林康夫訳『ポスト・モダンの条件』風の薔薇，1986 年）

MacIver, R. M., 1917: *Community*, Macmillan.（中久郎・松本通晴訳『コミュニティ』ミネルヴァ書房，1977 年）

Man, M., 1986: *The Sources of Social Power*, vol. 1, Cambridge Univ. Press.（森本醇・君塚直隆訳『ソーシャルパワー』NTT 出版，2002 年）

Mauss, M., 1950: Une catégorie de l'esprit humain, *Sociologie et anthropologie*, 3e éd., PUF., 1989.（有地亨・山口俊夫訳『社会学と人類学Ⅱ』弘文堂，1977 年）

Mead, G. H., 1934: *Mind, Self and Society*, Univ. of Chicago Press.（稲葉三千男他訳『精神・自我・社会』青木書店，1973 年）

Nassehi, A./Kneer, G., 1993: *Niklas Luhmanns Theorie sozialer Systeme*, Fink Verl.（舘野受男他訳『ルーマン 社会システム理論』新泉社，1995 年）

Parsons, T., 1937: *The Structure of Social Action*, McGraw-Hill.（稲上毅他訳『社会的行為の構造』木鐸社, 1974-1989年）

Parsons, T., 1951: *The Social System*, Free Press, 1986.（佐藤勉訳『社会体系論』青木書店, 1974年）

Poster, M., 1990: *The Mode of Information*, Polity Press.（室井尚・吉岡洋訳『情報様式論』岩波書店, 1991年）

Power, M., 1997: *The Audit Society*, Oxford Univ. Press.（國部克彦・堀口真司訳『監査社会』東洋経済新報社, 2003年）

Riesman, D., 1950: *The Lonely Crowd*, Yale Univ. Press.（加藤秀俊訳『孤独な群衆』みすず書房, 1964年）

Ritzer, G., 1993: *The McDonaldization of Society*, Pine Forge Press.（正岡寛司訳『マクドナルド化する社会』早稲田大学出版部, 1999年）

Rose, N., 2003: The Neurochemical Self and Its Anomalies, Ericson, R. V./Doyle, A.(eds.), *Risk and Morality*, Univ. of Toronto Press.

Rozanvalon, P., 1995: *La nouvelle question sociale*, Seuil.（北垣徹訳『連帯の新たなる哲学』勁草書房, 2006年）

Simmel, G., 1909: *Brücke und Tür*, Koehler, K. F. Verl., 1957.（酒田健一他訳『ジンメル著作集12』白水社, 1976年）

Simmel, G., 1917: *Grundfragen der Soziologie: Individuum und Gesellschaft*, Rammstedt, R.(Hg.), Gesamtausgage, Bd. 16, Suhrkamp, 1999.（居安正訳『社会学の根本問題：個人と社会』世界思想社, 2004年）

Taylor, Ch., 1989: *Sources of the Self*, Harvard Univ. Press.

Tönnies, F., 1887: *Gemeinschaft und Gesellschaft*, Wissenschaftlice Buchgesellschaft, 4. Aufl., 2005.（杉之原寿一・古野清人訳『ゲマインシャフトとゲゼルシャフト』(上)(下)岩波書店, 1957年）

Weber, M., 1904-1905: Die protestantische Ethik und der "Geist" des Kapitalismus, *Gesammelte Aufsätze zur Religions Soziologie*, J. C. B. Mohr, 1920.（大塚久雄訳（改訳）『プロテスタンティズムの倫理と資本主義の精神』岩波書店, 1989年）

Weber, M., 1921: Soziologische Grundbegriffe, *Wirtschaft und Gesellschaft*,

引用・参考文献

J. C. B. Mohr.（清水幾太郎訳『社会学の根本概念』岩波書店，1972年）

新睦人編，2006：『新しい社会学のあゆみ』有斐閣
厚東洋輔・今田高俊，1992：『近代性の社会学』放送大学教育振興会
作田啓一，1981：『個人主義の運命』岩波書店
富永健一，1995：『社会学講義』中央公論社

あとがき

　書名の『社会の思考』は,「社会に存在する色々な考えかた」という意味ではない。少し分かりにくい書名だが, "物事を「社会的に考える」とはどういうことか"を問題にするという意味である。"社会"という"思考のしかた"があるということである。

　我々が物事を"社会的に"見るようになったのは「近代」に入ってからのことである。その場合, 社会的なものとは何を指し, 社会的に考えるとはどのように考えることだったのか。そして現代において,「社会的に考える」ことはどのようにして可能なのか。〈リスクと監視と個人化〉という文脈からそれを明らかにしたい。そういう含意があって付けられた書名である。

　レヴィ＝ストロースの『野生の思考』をもじったわけではない。主旨も方法論も異なる。だが,「野生の思考」があるならば,「社会の思考」という言いかたも可能だろう。内容的には, ルーマンの『社会の社会』をまねた『社会の個人』がよかったかも知れないが, それでは「個人」が浮きすぎる。などと考えて, この書名に落ち着いた。

　もともとは, 自分の講義を聴講する学生に持ってもらうことを考えて書き始めた本であるが, 本書で取り上げたテーマと記述内容は, 社会学の書物としては必ずしも一般的ではなく, 網羅的でもな

あとがき

い。学説の取り上げかた，取り扱いかたも私流である。しかし，書かれている内容は，現代社会と人間を語る際に欠かすことのできない，普遍性と応用可能性の高い論題である。

　研究者向けの細かい引用箇所の表示は，最小限にとどめた。また，説明を要する学術用語にはについては，コラム形式で補足し，その用語が本書において持つ意味と意義とを示した。

「講義を理解するための，テキスト的なよい本はありませんか？」と受講生から尋ねられることがある。いつもは，「そんな本があったら，わざわざ講義をする必要はないでしょう？」と答えて，煙に巻いている。

　これまでは，「講義は分かりやすいが，著書が難しい」と言われたが，今後は，「本は分かりやすいが，講義が平板になった」と言われないように気をつけねばならない。

　出版にあたっては学文社に大変お世話になった。我儘な依頼を引き受けて下さった田中社長，ならびにスタッフの皆さんにお礼を申し上げたい。

2010 年 2 月

著　者

著者紹介

三上剛史（みかみ　たけし）

1952 年　京都府生まれ
　　　　京都大学文学部卒業
　　　　京都大学大学院文学研究科博士課程中退
現　在　追手門学院大学社会学部教授
　　　　神戸大学名誉教授
　　　　博士（文学）
著　書　『社会学的ディアボリズム―リスク社会の個人―』（学文社）2013 年
　　　　『道徳回帰とモダニティ―デュルケームからハバーマス-ルーマンへ―』
　　　　（恒星社厚生閣）2003 年
　　　　『ポスト近代の社会学』（世界思想社）1993 年　など
論　文　「〈個人化〉する社会の個人」（『社会学史研究』第 33 号）2011 年
　　　　「「社会的なもの」の純化か終焉か？―〈連帯の喪失〉と〈道徳の迂回〉―」
　　　　（『社会学評論』第 57 巻・第 4 号）2007 年　など

社会の思考―リスクと監視と個人化―

2010 年 3 月 10 日　第一版第一刷発行
2011 年 8 月 10 日　第一版第二刷発行
2012 年 3 月 30 日　第一版第三刷発行
2013 年 3 月 20 日　第一版第四刷発行
2016 年 1 月 30 日　第一版第五刷発行

著　者　三　上　剛　史
発行者　田　中　千津子

発行所　株式会社　学　文　社

© 2010　MIKAMI Takeshi
Printed in Japan

〒 153-0064　東京都目黒区下目黒 3-6-1
電話（3715）1501 代・振替 00130 ― 9 ― 98842

（落丁・乱丁の場合は本社でお取替します）　　　・検印省略
（定価はカバーに表示してあります）　　　　　印刷／シナノ印刷
ISBN978-4-7620-2061-2